职场沟通学

邓兮◎编著

中国纺织出版社有限公司

内 容 提 要

当今社会，职场对说话能力的要求是非常高的，跟同事交流、向领导汇报、和客户约谈等都需要职场人士具备优秀的口才技巧。那么怎样使原本并不擅长说话的自己尽快提升语言能力，练就一副好口才，成功立足于职场呢？

本书综合大量实践经验，运用诸多职场说话的实际案例，从跟领导说话、跟同事说话、跟下属说话、学会拒绝、化解尴尬等方面具体地讲述了提高说话水平的方法与原则，能够切实帮助在职场拼搏和奋斗的你，改善沟通能力，掌握说话技巧，获得事业的成功。

图书在版编目（CIP）数据

职场沟通学 / 邓兮编著. --北京：中国纺织出版社有限公司，2019.11
ISBN 978-7-5180-6232-4

Ⅰ.①职… Ⅱ.①邓… Ⅲ.①人际关系学 Ⅳ.①C912.11

中国版本图书馆CIP数据核字（2019）第098071号

责任编辑：李 杨　　特约编辑：王佳新　　责任印制：储志伟

中国纺织出版社有限公司出版发行
地址：北京市朝阳区百子湾东里A407号楼　邮政编码：100124
销售电话：010—67004422　传真：010—87155801
http：//www.c-textilep.com
E-mail：faxing@c-textilep.com
中国纺织出版社天猫旗舰店
官方微博http：//weibo.com/2119887771
三河市宏盛印务有限公司印刷　各地新华书店经销
2019年11月第1版第1次印刷
开本：710×1000　1/16　印张：13
字数：172千字　定价：39.80元

前言

preface

身处职场，优秀的职业技能必不可少，这关乎到你是否能够完成工作，然而想要把工作完成得很好，只有专业技能是不够的。身为职场人士，总是很少独自面对工作，你会有小组、有团队，会与客户打交道，需要与同事和上下级搞好关系，这些都需要你拥有较好的语言能力和沟通能力。想要让自己的职业生涯顺遂如意，提升自己的口才能力和沟通能力，是非常必要的，只有让自己在职场人际关系中游刃有余，才能在自己的职位上站稳脚跟。

当然，任何一段关系的存在都不是简单敷衍就可以的。职场的人际关系因为利益的牵扯而变得敏感而微妙，因此在说话、行事和沟通的时候必须要谨慎、仔细。比如说同事关系，看似每天相处得熟稔，空闲时候常常凑在一起插科打诨，在一起说话聊天的时间似乎比朋友还多，但如果你因此就把同事当作要好的朋友，那在工作利益上面有纷争的时候，很可能会吃暗亏，毕竟利益的考验不是任何人都能经受得住的。要处理好同事关系，必须掌握好其中微妙的平衡，既使自己能够拥有好人缘，又不让自己的弱点落在别人手中。

虽然处理好人际关系很重要，但是毫无障碍、准确地表达自己也很重要。无论与何人说话、沟通，把自己的意思表达清楚是第一前提，如果你连自己的需求都表达不清楚，别人也没有办法配合你完成工作。所以，如果你对自己的说话能力没有信心，不如就赶快翻看此书进行学习。没有任何人的语言本领是与生俱来的，每个人都需要经过后天的不断练习和实践。用你的洞察力去观察和体悟，用心领会那些优秀的语言话术，而后将自己的实际情况和它们结合起来，形成自己的思想，让这些技巧为自己所用，成为独属于你的技能。

总之，如果你很优秀，就可以用口才把自己“秀”出来。如果你不表现或者没有表现的能力，那别人再看好你，也只能是无能为力。因此提升你的口语表达能力和沟通能力，势在必行。

本书用通俗易懂的语言，生动鲜明的案例为职场朋友讲述职场沟通的方法，告诉你在什么时候该说什么话，哪些话可以说，哪些话不能说。让你在激烈的职场竞争中学会从容应对，并且书中会告诉你与上司、同事、下属、客户进行有效沟通的方法，为你指引走向成功的捷径。本书不但适合准备踏入职场的新人，对在职场混迹多年但渴望提高自己沟通水平的人也有很好的指导意义。希望通过阅读此书后，你会有所收获。

编者

2019年1月

目录

contents

第 01 章

身处职场会说话，到哪工作都不怕

游刃职场，不得不具备好口才

只要是职场人士，都无法独自面对工作，或者要与客户打交道，或者要与同事之间搞好关系精诚合作。总而言之，每个人就算只需要做好自己的分内事情，也必须与上司不断地协调沟通。由此可见，每一个职场人士都离不开与人交流，要想让自己的职业生涯更加顺遂如意，我们就必须具备好口才，才能在人际关系复杂的职场中游刃有余。毋庸置疑，同事关系是非常微妙的，既不像闺密或者铁哥们儿那样可以无所顾忌地交流，又不像是陌生人那样可以没有交集。在每一个工作日，同事们总是要在一起相处，又因为工作的关系需要精诚合作，就难免产生利益上的纷争。要想处理好同事关系，就必须掌握好这样微妙的平衡，又因为人们总是借助于语言进行交流，所以职场人士必须具备好口才，才能拥有好人缘，也使得自己的工作更顺利地开展。

作为英国前首相撒切尔夫人的左膀右臂，安妮思曾经是撒切尔夫人的内阁成员。1990年，撒切尔夫人结束任期，梅杰出任新一届首相，依然对安妮思非常器重。正因为他如此合理的安排，所以才能顺利实施新内阁政策，此间安妮思功不可没。

有一次，梅杰在安妮思的陪同下视察工作，有个保守党的成员突然毫无征兆地带着挑衅的意味问安妮思："曾经，你是撒切尔夫人的内阁成员，现在，你又成为梅杰的内阁成员，对你而言，他们俩最大的不同在哪里？"

从政治的角度而言，这个问题是非常敏感的，不管是说谁更优秀，都必然得罪另一个人，而且有可能被好事者作为一个新话题，使其充斥政坛。为此，安妮思经过慎重思考，一本正经地说："梅杰和撒切尔夫人之间的确有着天壤之别。"提问者一看安妮思居然如此大胆地回答这个问题，深感安妮思也许会因为口无遮拦而妄加评论两人，因而赶紧乘胜追击，继续追问："区别到底在哪里呢？"这时，安妮思笑着说："撒切尔夫人是女人，梅杰是男人。"

对于这个敏感的政治问题，安妮思的回答简直无懈可击。这个回答非常机智，也很幽默，彻底地堵住了保守党成员的嘴巴。假如不是这么回答，如果安妮思的回答偏向撒切尔夫人，则必然得罪现任首相梅杰，如果安妮思的回答偏向现任首相梅杰，又对不起曾经提拔和重用她的撒切尔夫人。为此，她避重就轻，从性别的角度作出回答，使人一笑置之，再也无法继续刁难他。

有一次，曾国藩用餐之后和几位幕僚闲聊，他们谈古论今，说得不亦乐乎。说起今世的英雄，曾国藩说："李鸿章和彭玉麟都是不可多得的旷世奇才，我根本比不上他们。"这时候，有个幕僚接口说道："李公精敏，无人能欺；彭公威猛，无人敢欺……"说到这里，他突然闭口不言，因为不知道如何当面评价曾国藩。为此，曾国藩追问："我又如何呢？"诸多幕僚全都低头沉思，这时一个负责抄写的年轻人突然张口说道："曾帅仁德，无人忍欺。"这句话刚刚说完，幕僚们全都鼓掌称赞。曾国藩得到年轻人恰到好处的恭维，心中高兴不已，嘴上却说：“不敢当，不敢当。”等到年轻人离开之后，曾国藩问幕僚们这个年轻人是什么人，有个幕僚告诉他：“这个年轻人是扬州人，读过书，办事认真细心。”为此，曾国藩也夸赞年轻人：“这个年轻人很有才华，一定不能被埋没。”后来，曾国藩升官了，就任两江总督，特意提拔那个年轻人当扬州的盐运使。

在这个事例中，也许很多人辛辛苦苦工作很多年，都抵不上这个年轻人在曾国藩面前的一句话。这句话说得好啊，彻底改变了这个年轻人的命运，使他被曾国藩记住，因而他才能在曾国藩得到提拔的情况下，跟随曾国藩鸡犬升天。其实，职场上就是如此，辛辛苦苦工作一天、一个月、一年，也有可能根本抵不上对上司说的一句话。因而朋友们，如果你们想在职场上出人头地，练好口才可是必需的。

朋友们，职场上的关系错综复杂，如果我们不小心被话题陷阱困住，就很容易惹火烧身。其实，面对职场上不同势力之间的抗衡，明智的人一定会选择中立，因为唯有中立才是最稳妥的选择。只要我们参透职场的说话之道，说好每一句话，就有可能轻而易举地得到高薪和晋升。尤其是在面对上司的时候，我们更应该谨言慎行。

学会服软，把握“软硬”程度

小林毕业后进入一家小公司实习，经理为了考验小林的实际工作能力，就让他做一份策划。当小林做好策划拿去给经理看时，经理却只是摇摇头说了一句："再改改吧。"小林当时很纳闷，可又不好意思再多问就走出了经理办公室，刚一出门就碰到了这家公司的元老级人物——谢主管。

谢主管就笑着问："小林，是不是策划没有通过呀，要不要我帮帮你？"小林没好气地来了一句："就你，还是算了吧！"然后头也不回地走了，此后好几次小林把改好的策划拿去给经理看，但都被经理否决了，小林越发地郁闷，这时候他想到了谢主管。

小林来到谢主管的办公室门口，犹豫了半天，还是敲了门。进去后，谢主管一看是小林，就冷冰冰地说了一句："林大学士，找我有何贵干呀？"小林一听，心想现在自己有事求人家，怎么也得说点软话吧。

于是小林就笑着说："谢主管，您看您现在也是我们公司的老前辈了，在策划这方面又是把好手，您就帮我看看我的这几份策划案吧，帮我指点指点迷津。"谢主管听完后不屑地笑了笑，说："你可是名牌大学的毕业生呀，像我们这种没什么学历背景的怎么能和你比呀，更别提指点了，不敢当呀！"小林听后心里很不是滋味，但停了一会儿还是开口说："谢主管，我知道虽然您学历不是很高，但在实践这方面您可要比我们这些刚出茅庐的傻小子强很多呀，您老人家就帮帮我呗，您现在就是我师父，师父在上，请受徒儿一拜！"说着小林还深深地向谢主管鞠了一躬。谢主管听完小林的这一番话，十分受用。那么帮助小林也就是顺理成章的事了。

不论是在职场还是在生活中我们都要学会服软，学会说软话。这个世界很大，所谓天外有天，人外有人，不要觉得自己拿了名牌大学的文凭就可以只身闯天下，永远不要忘了知识来源于实践，那些书本上的知识也需要在实践中不断地得到完善，遇到自己不能独自完成的工作时要学会向资深人士请教，而在请教中也要注重方法，说服软的话是必须的，可是也要把握尺度，不然服软的请教就会成为献媚。

幽默的话语能够更好地表现自我

在当今社会中，人与人的交往强调以吸引力为基础，即使你再优秀、再能干，如果你不会“表现自我”也不太容易引起他人的注意。而幽默能使你具有意想不到的吸引力，在有限的时间和空间之内，哪怕是初次见面或一次晚餐，幽默都能让你一展才华，从而给人留下深刻印象。

有一位丈夫正处在事业上升期，为了与客户打好交道，他几乎天天请客人到自己家吃晚饭，他的妻子每天都要准备饭菜，饭后还要陪客人说话，总是要聊到夜深人静才散场。时间一长，妻子有些吃不消了，尤其有了孩子以后，又要带孩子又要做饭，妻子累得苦不堪言。后来，她想出了一个好办法，她包下了附近一家饭店的雅间，丈夫再带客户回家时，她就与丈夫一同在雅间接待客人。入席坐定后，她还为每个客人夹菜，一边笑着说：“希望筷子的双轨，能给各位铺出一条财路！”然后说明自己要回家照顾孩子，转身告退。

这位妻子得体的举止，不仅赢得了客人的赞赏，也让丈夫十分满意，因为她很好地利用幽默表现了自己。

要想运用幽默手段表现自我，重要的是要懂得临场发挥，就像上面案例中的妻子一样，抓住每一个机会为自己所用。只要你有足够的智慧，懂得如何随着情境的变化而施展幽默，那么，生活中的每一个瞬间都会是你表现自我的舞台。

幽默是一种天然的防卫武器。现实生活中，有很多事情令人手足无措，无所适从，有很多事情通过一般方法是难以解决的，这时，人们往往采用幽默的方式，把自己的所有不满和不快全包含在一笑之中；同时将自己的光芒在睿智的幽默中展现，清晰的思路、敏捷的反应、一鸣惊人的言语，这些都是我们展示自我的利器，利用这些，我们能更加从容地面对各种纷繁的场合，我们的交际之路也能走得更加平顺。

说话要准，掌握聆听者的心理

俗话说：酒逢知己千杯少，话不投机半句多。人际交往中，有人口若悬河、滔滔不绝，而有人三言两语之后就变得语枯词穷。其实，这两者的主要区别就在于，前者懂得在说话时掌握对方心理，能让自己的话说到对方的心坎上。这样的人总可以在不同的交际场合应对自如。

某公司招聘会计，当天有两个人同时去应聘。公司老板告诉他们："我们公司只招一名会计，所以你们两人需要竞争。"接下来，老板让他们每人介绍一下自己，最后老板定夺谁去谁留。

第一个人首先说："我是某名牌学校的高材生，专业知识掌握得相当牢固，我干工作也很踏实……"老板听后点了点头。第二个人只是简单的几句话："我干会计很简单，服从上司的指示，保证账目清晰。"最后老板录用了第二个人。因为第二个人不但把话说到了点子上，而且说得很有条理。

有的人滔滔不绝地说了一大堆的话，最终却发现，自己说的全是废话，不但没有取得预期的效果，反而还会引起别人的反感。事实上，一个人会不会说话，能不能条理清晰地表达自己的意图，并不在于话多话少，而在于能不能将话说到关键之处，知道对方心中所想，从而明确表达自己的意思，有时候就会获得意想不到的成功。

那么，在与人交谈时该如何掌握聆听者的心理呢？

1. 说话时多注意对方的眼神

一个人的内心在想什么，可以通过他的眼睛看得清清楚楚。当听者直盯着你看，那表明对方可能对你的话产生了质疑；当听者在你说话时不停地眨眼，那就意味着对方对你所说的话题没有一点兴趣，继续说下去可能会引起对方的反感情绪；当你发现听者眨眼睛的频率变快的时候，说明你的说服起到作用了，听者开始动心了。

2.聆听者不经意间流露出来的一些头部动作，往往能影射出对方的心理倾向

与人交谈时，如果听者不断点头，那意味着对方对你的话产生了兴趣；如果在交谈中，对方低着头一言不发，多半是对方已经对你产生了不满意或者是有成见的情绪，但又不好直接表达出来，此时说话者应赶快转移话题。

3.手部的微小动作，往往能将聆听者的心思暴露出来

当对方在你说话时用手摸鼻子，往往表明他对你的话题不感兴趣，不想和你有更深层次的接触和合作；当对方在你说话时老是揉眼睛，那就说明对方对你的谈话一点也不感兴趣。此时都应赶紧转换自己的谈话

主题。

与人谈话，要学会观察和捕捉他人心思，只有这样我们才会知道什么时候该说什么话。我们不断说中别人的心思，或不断说出对方想听的话，这时候，对方自然就很高兴，也乐于和我们继续交谈。

人际沟通，实质就是思想情感的表达。一个了解聆听者心思的人，可以用流畅的语言说出对方想听的话，能把想要表达的意思说得很清晰，而且层次分明、有条有理，使每一个人都乐于接受。能够把听者心思和自己的言语结合起来的人，他在生活和事业中会比别人更容易取得成功。

不断实践，突破心理障碍

俗话说："艺高人胆大。"如果你掌握了说话的技巧，那还担心自己无法说出口吗？大多数人对说话充满恐惧，并不是他们缺少渊博的学识，也不是缺少勇气，而是不知道自己该说些什么，也不知道怎么说话才能获得大家的认可。于是，他们总是担心自己做不好，怕当众出丑，而这一切的心理原因都在于缺乏当众说话的技巧。在现实生活中，如果你观察那些敢于说话的人，你会发现他们当中有的人没读过几天书，也没有多强的能力，却敢于说话，而且说得满堂喝彩。相反，那些知识渊博的人，却静坐在旁边，摇头不语，或许觉得对方说话有欠水平，不过他本人并不敢说什么话。前者，虽然自己缺乏一定的知识，但他更懂得说话的技巧，因此敢于说话；后者，虽然拥有满腹学识，但缺少说话的技巧，因此没有信心开口说话。

清除内心的心理障碍在于自信心，而信心的来源之一在于你熟练地掌握了某项技能。对于说话来说，也是如此。与其说不敢说话的人是因为胆怯，还不如说他是缺乏一定的自信。因为没有掌握说话的技巧，拿捏不好说话的要领，他没有足够的信心来完成当众说话这件事情。反之，如果他掌握了说话的技巧以及要领，他就会反复告诉自己“我已经掌握了必胜的秘诀，肯定会行的，肯定不会出丑的”，如此，内心消失已久的自信心又重新被唤醒了。而且，凭借着这股自信，他将在说话中超常发挥出自己的水平。

以前，张经理每次出席活动都是依据秘书所写的演讲稿进行演讲，从表面上看，他的演讲还算是成功的，因为几乎没怎么出现紧张、发抖的窘迫场面，但这样的演讲还是会有一个问题，好像白开水一样，无法调动听众的热情与活力。因此，公司里的同事都偷偷抱怨：听张经理讲话是一件异常痛苦的事情。其实，还有一件大家不知道的事情，那就是张经理每次讲话下来手心都是一把汗，如果你仔细观察，会发现他每次下台总是会拿出手帕擦擦手，实际上就是擦手心沁出的汗珠。

就张经理本人来说，他也知道自己说话水平很一般，根本掌握不了当众说话的技巧，也正因为如此才专门聘请了一位写说话稿的秘书。有一次，碰巧秘书有事外出，而张经理临时得到通知需要参加一次会议，这可急坏了张经理，以前都是背熟了讲话稿，或者照着讲话稿念，自己还从未表达过内心的想法，而且不懂得如何表达。张经理马上拨通了秘书的电话，语气急促地说：“事情办完没？赶快回公司，我下午有个会议要参加，需要讲话稿。”但秘书那边传来不好的消息，事情尚未办完，即便是着急赶回来，也在第二天早上了。对此，张经理心急如焚，这可怎么办呢?

这时秘书在电话那边给张经理上了一堂临时补救课：“张经理，平时大小场合你也参加过不少会议，因此这种场面我想对你来说是轻车驾熟的，对于讲什么内容，你不妨列出你想要说的几大点，再加上开场白和结束语，就差不多了，语言组织方面……”就这样，凭借着秘书传达的说话技巧，张经理去参加了会议，虽然讲话过程中出现了短暂的沉默或重复内容，但听众普遍反映说“讲得不错”，而他下台来发现自己手心并未出汗。

本来，张经理拿着讲话稿讲话，虽然比较成功，但台下听众反应平平，而他自己也感到十分紧张。经过这次临场发挥以后，相信张经理已经用不着再请什么专门写讲话稿的秘书了，他可以慢慢地熟练讲话的技巧，从而将说话这件事看作是收放自如的表演。

那对于当众说话，需要掌握一些什么要领呢?

1.借鉴别人的经验，激发自己的勇气

你可以多观察别人的说话，其精彩在哪里，其哪些方面比较欠缺，然后激发出自己的勇气，不断地练习，哪怕屡战屡败，只要你不断地总结、提升，总有一天你会赢得满堂喝彩。

2.言简意赅即可，不宜过分矫饰

对于你所需要说的内容，不需要有太多华丽的辞藻，你只需要直接而简单地表述自己内心的观点就可以了。啰唆、冗长的说话是大多数人讨厌的，所以，不需要过分矫饰语言，或者不断地重复你所说过的内容。同时，利用一切机会展开说话，就好像游泳一样，不下水，你永远学不会。说话的机会随处都是，你不妨好好地将其利用起来。

第 02 章

求职面试敢说话，机智应对定拿下

当众面试，自我介绍要令人心动

在步入职场最初的第一次公开说话，就是应聘工作时的面试环节。而当众面试必须经过的一个环节就是自我介绍，这是向公司领导展现自己的一个重要途径，自我介绍好不好，直接关系到你给公司领导的第一印象以及以后交往的顺利与否。自我介绍是面试中极其关键的一个环节，由于“首因效应”的影响，这短短的两三分钟的自我介绍在某种程度上决定着自己在各位考官心目中的印象。这样一段讲话将是你所有工作成绩与为人处世的归纳，当然也是你接下来面试的基础，因为考官会依据你自我介绍中的内容来对你进行适当的提问。因此，如果你想在面试时给考官留下一个深刻的印象，可以将主要的功夫放在自我介绍上。

在面试中，通常会让面试者作一个简单的自我介绍，时间一般在两三分钟。自我介绍是一个展现自我的机会，作为面试者，我们需要全面把握自己；需要突出自己的优点和特长，有相当的可信度，尤其是具有实际经验的面试者要突出自己具体在哪方面有优势，最好是通过自己做过什么样的项目来证实一下；需要展示自己的个性，突出鲜明的个人形象，可以利用老师或朋友对你的评价；需要用事实说话，不能太夸张，少用虚词、感叹词。除此之外，自我介绍时需要符合常规、符合逻辑，讲话内容层次分明、重点突出，逐渐展现自己的优势，而不是一上来就罗列自己的优点。

这是一位护士在面试时的自我介绍例文：

本人于1985年毕业于某某省某某卫校护理专业，同年7月分配至某大学第一医院工作至今。曾在心血管、小儿科、普外科和肿瘤科轮转工作过。2002年10月在全院进行的护士长竞聘上岗竞选中，以良好的优势竞聘为小儿科护士长。

17年来，本人一直辛勤工作在临床护理第一线，深知广大患者的疾苦和需求，深切体会到护理工作的烦琐及责任重大，也感受到了垂危的生命从死亡线被抢救过来的喜悦。本人年富力强、技术精湛、服务态度热情周到，率先倡导人性化护理的服务理念，特别在心理护理和健康宣教方面，有着较为丰富的临床经验。本人个性开朗，热情耐心，协作能力较强，有良好的人际关系及语言交流和沟通能力，易于开展病房的管理工作，符合时代对管理人才的要求。

本人的服务宗旨：热情、耐心、关爱、创新、尽我所能满足患者需求。我将用榜样的力量带领全科护士为患者创建一个温馨、安全、优质、高效的就医环境。

这称得上是中规中矩的自我介绍，在整个讲话过程中，没有太多的亮点，只是无一例外地介绍了自己过去的经历以及为人处世的经验。对于这样的自我介绍，我们说不出哪里不好，但是过于规矩，无法给人耳目一新的感觉，将注定被面试官遗忘。

那么在实际面试中，如何才能使自我介绍打动面试官呢？

1.清楚地了解自己

在自我介绍之前，我们需要对自己有一个清楚的认识，问自己“你现在是干什么的”“你将来要干什么”“你过去是干什么的”，你需要从现在到将来再到过去进行思考总结。首先，你需要将自己与别人区分开，强调自己的不同点，这会让你在众多的面试者中脱颖而出；其次，是对未来的自我设计，对未来的规划要合理、具体；最后，找到过去经历中与未来的联系点，从这个联系点开始谈起，会让面试官有一个更深刻的印象。

2.投其所好

当你清楚自己的强项之后，需要准备自我介绍的具体内容，包括工作模式、优点、能力、显著成就、专业知识等。虽然优点很多，但你只需要谈一些与该公司有关的内容，比如，对方是一家电脑公司，你就应该说一些在电脑方面的能力。

3.内容的排序

自我介绍内容的排序是很重要的，内容的编排方式决定着你是否抓住了面试官的注意力。因此最开始说的应该是最想让面试官记住的事情，而这些事情通常都是你的得意之作，或者列举一些你的相关作品或记录，以此增加你的印象分。

面试时介绍自己要扬长避短

现实生活中，我们每个人离开校园后，都要进入职场工作，而进入职场的第一步就是参加面试，对于如何介绍自己这一点，我们都知道，说话必须要诚实，否则，一旦被识破，就会失去机会，但这并不代表你只能谈及自己的缺点。也有一些人认为，只要告诉考官你所有的优势，丝毫不提及缺点，考官自然就不会对你产生负面印象。这种说话方式也是不正确的，因为任何考官对只谈自己优点的人都会产生不信任的心理。

要知道，人无完人，每个人都有优势，而在面试的时候，你只有学会扬长避短地说话，才能让考官在接受你缺点的同时，更欣赏你的优势。

林建是一名刚毕业的女大学生。在面试中，她被问道："你在本科阶段为什么学习成绩平平，是否也赞同'及格万岁'？"

面对如此棘手的问题，林建不紧不慢地回答："我自小父母双亡，只有爷爷姐姐与我相依为伴。在党和政府以及众多热心善良的人的帮助下，我才能够长大成人。考上大学后，为了不再给所有关心我的人添麻烦，我坚持着各种社会实践，用自己的双手扶助自己完成学业。成绩不好，是我本科生活中的最大遗憾，但我想只要我有足够的时间，甚至只要有普通学生的一半学习时间，我相信自己的学习成绩一定能非常优秀。"林建的这一番回答自然使她获得了这次机会。

案例中，林建回答考官问题的方法就是扬长避短，对于本科阶段学习成绩不佳，这一点，她供认不讳，她是诚实的，最难能可贵的是，她未给自己找借口，而是认为，如果自己有更多的时间，学习成绩一定会非常优秀。另外，她也并不是以自己的这段经历来博得考官的同情，真正感动考官的是她身处逆境却不气馁。她的自强不息、她的自信从她真诚的话语中坦然流露。

那么，可能一些人会问，该怎样扬长避短地说话呢？对此，我们可以从两个大方面作出努力：

第一，扬长。

比如，面试官问你："你觉得你能胜任这个程序员的工作吗？"你可以回答："我觉得没有问题，因为我真的很喜欢这个工作，并且到现在也一直还在学习，与时俱进嘛，很多软件、程序都在不停地更新，只有不断学习才能做到最好。"这时，面试官一般都会点头赞许。因为面试官都希望能给企业招到那些喜欢学习、不断给自己充电的员工。

第二，避短。

一般来讲，对应聘有利的优点有：注重学习、办事认真、容易相处、敢拼敢闯、不轻易认输、以厂为家等。了解了考官的偏好，回答就容易多了，关键看你如何将缺点逐一分解为优点：

（1）性子急就是工作有责任心，比如，你可以说：

"我打心眼里不喜欢做事磨磨蹭蹭的人，总想尽快完成工作。"

"工作要是干不好，我就会跟自己过不去，自寻烦恼。"

"遇到干活投机取巧的人，我常常会不给人家面子。"

这样说，表面上是自责性子急的毛病，其实是在说自己雷厉风行、工作有责任心。而几乎所有的企业与单位都希望招到这样的员工，考官自然也不例外。

（2）固执也是有主见，主观也是有魄力，你可以这样说：

"我的观点总跟别人不太一样，而且不喜欢被人牵着鼻子走。"

"一般来说，我要是有了自己的观点后，别人想说服我可不容易，除非能拿出令人信服的证据和事实。"

要知道，在这里，固执是有主见的代名词，主观武断亦是果敢有魄力的变相表达。有这些小“缺点”的求职者，依然会让考官产生一种欣赏的心理。

（3）“粗线条”就是能掌控全局，不拘小节也能更正缺点。你可以说：

“我做事大方向一般不错，但细节上有点丢三落四，处理不好琐碎的事。”

人都是有缺点的，考官也明白这个道理，而大方向不错，基本上可以算优秀，如果再以“小节”来要求，未免有些太苛刻。这实际上是在暗示考官：我是一个做“头”的料！

这样既回答了面试官提问，又间接说明了自己现在已经改正了这些缺点，粗心大意已成为过去时了。

总之，在面试的时候，我们说话要懂得扬长避短，尽量弱化缺点，强化优点，这样会让考官从心里欣赏你的优点！

自我介绍既是打动面试考官的敲门砖，也是推销自己的极好机会，因此一定要好好把握。扬长避短，会让考官觉得你虽然有某些缺点，但你的优点完全可以淡化你的缺点。当考官对你的优势产生欣赏之情后，自然会对你产生良好的印象。

提问并非面试官的特权

大多数求职者在应聘时只是一味被动、恭恭敬敬地接受用人单位的询问，在整个洽谈过程中丝毫不敢向面试官提出任何问题，致使洽谈形同审讯，你问我答，气氛紧张，结局往往不佳。其实，求职者在如实回答面试官提问之余，不失时机地委婉提问，非但不会惹恼面试官，有时反而能收到活跃场面气氛，把洽谈引向深入，加深对方了解自己的功效。须知求职本来就是一种双向选择的过程。只是需要提醒的是，面试“提问”，必须掌握分寸和技巧，态度要委婉诚恳，措辞应得体大方，最好是在表达了自己乐意加盟的愿望之后再行提问。面试接近尾声的时候，你可能会被问道：“你有什么问题要问吗？”通常的答复会是：“不，我想您什么都已经谈到了。”这种回答是错误的。这种错误的回答使你错过了通过问一些关键问题来表达你想为该公司工作的机会。

通常面试官会通过这样一个程式来提问，我们可以通过分析面试官的提问来提出自己想了解的问题。

1.自我介绍

一般而言，面试官首先会问一个开放式问题，给求职者自由发挥介绍自己的机会。比如，“你为什么应聘这份工作”“请介绍一下你自己”“你的兴趣爱好有哪些”“应聘这份工作，你觉得自己有哪些优势和不足”“你将如何做好这份工作”等。

2.跳槽、转行原因

跳槽、转行原因在面试中也常被问及。面试的目的在于判断应聘者的稳定性，员工的高流动率会影响组织稳定，降低组织效率，增加费用支出（招聘、培训）。因此，意气用事、草率行事的求职者不受欢迎。

3.质疑

面试官常通过突然质疑的方式来考查应聘者的情商：“我们觉得你

太年轻/年纪太大了，不大适合这份工作，你怎么看”“说说您的缺点，好吗”“应聘这份工作，您认为您还欠缺什么”“你的专业不对口，我们为什么要录用你呢”等。

4.陷阱式问题

陷阱式问题有时将求职者设定在一个特定的背景下：“通过简历，我们发现你的专业功底很扎实，经历也很丰富，这里正好有个Case，请发表一下看法吧。”陷阱式问题还有一个很明显的标识——“希望”，只要问题中带这个词的，往往就是陷阱式问题。例如，“你希望有怎样的领导”“你希望在怎样的环境下工作”“你希望多少薪酬”。

敢于打破常规是一个人智慧和自信的体现，也是创新精神的象征。在面试过程中，传统的说话方式未必能够达到我们所想要的结果，那么就不妨转换一下思路，从别的地方入手，用崭新的说话模式来表达自己的思想，获得对方的认同。

求职者在应聘洽谈过程中巧妙地穿插提问，必须掌握“有的放矢”的原则，目的明确，内容具体，“提问”范围主要是应了解以下几方面情况：

1.公司情况

首先是企业性质；其次是企业规划与发展前景，如生产规模、经营范围、产品科技含量与市场占有率，甚或企业经济效益、远景规划、发展目标、国际市场开拓状况等。

2.薪资福利

薪酬结构、工资制度与福利保障状况，如职工人均收入、应聘岗位月薪标准、养老保险和医疗保险制度的健全与否等。此外，企业规章与劳动作息制度、工时与休假以及安全防护、工作环境方面的情况。

3.了解自己的工作职责

了解本人所应聘职位的岗位要求以及自己的职责、任务、有无岗前培训或深造培训机会和晋升方向等。在此集中罗列可供深入洽谈、主动提问的线索，并非“逐一发问”，在实践应用中求职者尚需随机应变，不能生搬硬套，要注意适可而止，一切以“提问”是否能引发面试官的表现欲为前提，如能挑起对方的交谈兴致，你的提问就算是成功的，一旦发现你的提问引起对方反感，自当立即打住。

4.谦虚请教

在面试结束前，应聘者可以谦虚地请教主考官：您认为我今天的表现如何？录取的概率有多大？通常，这个问题也会让对方认为，你对这份工作抱有很大的决心和企图心，比较适合应聘销售类型等要求企图心强的工作的时候提出。而应聘者也可以试着从对方的回答中，约略猜测出自己成功的概率有多大，并且作为下一次面试时表现的参考。

敏感问题，巧妙应答

大学毕业已经有一年多了，王锦之前找到了工作，可是由于他工作不认真，被公司辞退了。之后他带着厚厚的一大叠简历，四处找工作。好不容易被一家网络公司看中，接到电话之后，王锦准备了一番前去参加面试。

在与总经理的交谈中，王锦小心谨慎，唯恐自己说错了什么而丢掉了这个机会。总经理问了几个简单的问题后，突然问："你为什么离开上个公司呢？"王锦心里咯噔一下，他想要是如实回答，公司肯定为此而觉得我工作态度不端正，我将失去这份工作。想到这里，他说："以前的公司工作压力大，工资待遇又很低，而且工作氛围很糟糕，更主要的是老板实在是太过分了……"就这样，王锦把之前的公司贬得一文不值。

总经理听后什么话也没说，就这样，面试结束了。王锦以为自己肯定会得到这个岗位的。但是他并没有没有等来上班的通知电话。最后他不得不承认，他的表现很糟糕。尤其对最后一个问题的回答，可以说糟糕透顶了。

在面试的时候，面试官会通过一些很敏感的问题来了解你能否胜任这份工作。这时候就要谨慎地回答了。因为对方会根据你的回答来决定最终是用你还是不用你。一般情况下，面试者都会遮遮掩掩，要么把责任推给公司和他人，要么把自己完美化。事实上，你说的有几句是真话，有几句是假话，对方都是可以感觉到的。所以应对敏感问题，一定要巧妙地回答，让你的回答既能满足对方问题的要求，又不至于陷入言语的陷阱里，进退两难。那么在具体的面试中，到底如何回答敏感问题呢？

1.要弄清楚问题的本质所在

面试的时候，面试官不会问一些无聊的问题。每一个问题都有对方想知道的东西在里面。所以在回答问题之前，要从对方的问题中听明白对方究竟是想要了解什么东西。比如说："你以前为什么辞职呢？"从这个问题中，对方就是想要了解你辞职的原因，是你的工作态度不端正，还是某些客观的原因。还有就是你怎样评价之前的公司，如果你恶意攻击或者是贬低以前的公司，说明你是个品德很坏的人，以后也会这么攻击和贬低现在的公司。所以，在回答这个问题的时候，要赞扬以前的公司，多从自己身上找问题，要表现得谦虚一些，内敛一些。这样对方可能因为你的缺点而对你有不好的印象，但相对于一个满嘴谎言的人，公司还是愿意雇用有一些缺点的人，毕竟人无完人。

2.要学会转移注意力

很多敏感的问题，不回答面试官在问，回答又不好回答。这时候就要学会以转移注意力的方式，将面试官的注意力转移到别的地方去。比如，有的公司会问："你有男（女）朋友了吗？"如果你回答有，对方会觉得你在以后的工作中会受影响，不能全心全意：如果回答没有，对方又担心，你不能在这个地方待下去，有可能去找男（女）朋友。所以怎么回答也不合适。这时候你不要直接回答对方，而是告诉他，你会尽心尽力地把工作做好，请领导放心等。这样一来，面试官内心的疑虑也得到了释怀，你也不会因为回答错误而失去工作的机会。

3.用反问将压力丢给对方

大多数情况下，面试官用敏感的问题来刁难面试者，考查面试者的临场应变能力。这时候就要小心了，要把敏感问题的压力抛给对方。如前面所问的："你有男（女）朋友了吗？"这样的问题，回答的时候，不妨反问一下："你们这里招有朋友的，还是没有朋友的呢？"这样对方很难回答，因为对方不管怎么回答，也难为不倒你。你招有朋友的，那么我就有朋友，你招没有朋友的，那么我就没有朋友。这样一来，对方的凌厉攻势便被瞬间化解。对方抓不住你的把柄，而且搬起石头砸到了自己的脚上。所以，不要害怕自己反问会惹怒面试官，也不要觉得自己找工作就低人一等。事实上，你能顺利地通过面试才是最主要的。

叙述经历时别忘联系工作

实际上面试的作用就是推销自己。推销出去的前提，就是要让对方认可自己，要让对方认可自己，就要按照对方的心态、心理、需求等方面的设定，来合理地安排自己的形象和语言。而很多求职者在面试的过程中，为了尽量给对方留下最好的印象，总是将自己的优点、工作经验和盘托出。但他们忽略的是，他们表达的部分，不一定是考官们所希望听到的。对于考官而言，他们的责任是为用人单位招收专业能力和综合素质过硬的人才，你的任何经验和经历如果和所招的职位无关，都是无用的信息。

任何用人单位，需要的都是专业的、在本职位有经验的人才。而负责面试的考官们，最关心的也是这一方面，如果你没有传达这方面的信息，即使侃侃而谈，费尽口舌表现自己，最终也只落个徒劳无功。

那么，我们在叙述自己的经历时，该从哪些方面表达呢？

1.当被问及欠缺经验时

如果招聘单位对应届毕业生的求职者提出这个问题，说明招聘公司并不真正在乎“经验”，关键看应聘者怎样回答。

对这个问题的回答最好要体现出求职者的诚恳、机智、果敢及敬业。如：“作为应届毕业生，在工作经验方面的确会有所欠缺，因此在读书期间我一直利用各种机会在这个行业里做兼职。我也发现，实际工作远比书本知识丰富、复杂。但我有较强的责任心、适应能力和学习能力，而且比较勤奋，所以在兼职中均能圆满完成各项工作，从中获取的经验也令我受益匪浅。请贵公司放心，学校所学及兼职的工作经验使我一定能胜任这个职位。”

2.表达出自己的职业规划

一般来说，这是个求职者经常被问到的问题，比较多的答案是“希望成为管理者”。但是近几年来，许多公司都已经建立了专门的技术途径。这些工作地位往往被称作“顾问”“参议技师”或“高级软件工程师”等。当然，说出其他一些你感兴趣的职位也是可以的，比如，产品销售部经理、生产部经理等一些与你的专业有相关联系的工作。

要知道，考官总是喜欢有进取心的求职者，此时如果说“不知道”，或许就会使你丧失一个好机会。最普通的回答应该是“我准备在技术领域有所作为”或“我希望能按照公司的管理思路发展”。

3.谈论自己最受挫的工作经历

比如，你可以这样回答：“曾经接触过一个客户，原本就有耳闻他们以挑剔出名，所以事前的准备作得十分充分，也投入了相当多的时间与精力，最后客户虽然并没有照单全收，但是接受的程度已经出乎我们的意料了。原以为从此可以合作愉快，却得知客户最后因为预算关系选择了另一家代理商，之前的努力因而付诸流水。尽管如此，我还是从这次的经历中学到很多，如对该产业的了解，整个团队的默契也更好了。”

4.阐述自己最成功的工作案例

举一个你最有把握的例子，把来龙去脉说清楚，而不要说了很多却没有重点。切忌夸大其词，把别人的功劳说成自己的，很多用人单位主管为了确保要用的人是最适合的，会打电话向你的前一个工作直属上司征询对你的看法及意见，所以说谎是很容易穿帮的。

作为求职者，如果你能从以上几个方面，介绍自己在本专业和职位上的经历和经验，一定会让考官对你有个合理、客观的了解，你也一定会得到相应的认可！

巧用幽默的方式毛遂自荐

无论任何人，当我们刚跨出校园或者失业后，所面对的第一件事就是找工作。有不少人感叹“求职难，难于上青天”。的确，求职择业就是推销自己，而这种推销的难度更大，艺术性更强。在求职过程中，要想把自己推销出去，应聘者应适当地运用话语为自己作宣传，方能使对方了解自己，发现自己的才能和优点。只要不是言过其实，适当地自我表白是必要的，它可以帮助求职者和招聘者双方之间建立信任、合作关系。求职者不懂推销自己的艺术，自然不受用人单位的欢迎；不敢大胆介绍自己的长处，当然也不会受到用人单位的青睐。

事实上，我们可以发现，那些自荐成功者的言辞必定不是千篇一律的，他们更善于运用形象和幽默风趣的语言。用形象和幽默风趣的语言有助于增强语言的吸引力，融洽和活跃谈话气氛。

在面试交谈中，应试者要注意避免使用枯燥、干瘪呆板的语言，尽量使自己的语言生动、形象、富有情趣，给主试者以感染力，增强对你的好感和信任。用幽默风趣的语言来回答、解释对方的提问，可以活跃谈话气氛，消除尴尬，缩短双方之间的距离。当在面试过程中出现双方难堪局面的时候，你可用一句幽默的话岔开。说一句能引起对方发笑的话，就可以把双方不愉快的感情冲淡，使谈话能友好地继续下去。

在很多场合，很多人都喜欢愉悦轻松的气氛，那么先来段幽默的自我介绍则是渲染气氛的开始。同样，求职场合也是如此。我们再来看一个例子。

杰克曾经留学英国，因此，他对欧美国家的文化背景和职场习惯有一些了解。

他曾经参加过这样一个面试：那是个星期五下午，不知出于什么原因，他穿着牛仔裤就去面试了。经过口语听力测试、电脑水平测试后，那美国人的表情告诉杰克他非常满意。但他突然冷不丁地问杰克：“请问你为什么穿牛仔裤来参加面试呢？”杰克急中生智，快速答道：“今天不是周五吗？周五不是‘便装日’(Casual Day)吗？”

原来，杰克原来在另一家美国公司工作时，发现周五总是有一幅漫画贴出来，漫画上的公司职员都穿睡衣，着拖鞋，睡眼惺忪的模样，旁边标注着大写的“Friday”（星期五)。果然不出所料，“老美”哈哈大笑，杰克自然顺利地得到了这份工作。

的确，面对如杰克这样幽默的求职者，用人单位的负责人可能也会产生一探究竟的好奇，也愿意给这一求职者一个机会。

可见，良好的口才是求职行为的精美“外包装”，关键时刻露一手，不需要你付出太大的代价，却能使你受益匪浅，你只要拿出毛遂自荐的精神，自信地走到机会面前，一定会取得意想不到的成功。

当然，在面试中，即使运用幽默法，你还应注意：把握自己的语速，语速最好是不快不慢。一般来说，面试中的问答是平铺直叙的，如介绍自己的一些基本情况，谈谈对公司前景的看法等。所以，没必要慷慨激昂，振臂挥舞。口齿要清楚，说话时注意句与句之间的间隔，使人感到你思路清晰，沉着冷静。另外在面谈时还应注意语气要平和，语调要恰当，音量要适中。

你是否正在为找工作发愁？不用着急，只要你掌握了幽默的毛遂自荐法，相信你所要的工作一定会手到擒来。

第 03 章

做好相处的同事，说利于团结互助的话

空杯心态多请教，才能博得前辈好感

人在职场，尤其是对于初入职场的职员而言，必然面对着很多前辈。这些前辈之中有些是真正的老前辈，不但是公司的元老，而且是行业的翘楚，有着丰富的工作经验和职场经验，值得我们每个职场菜鸟用心学习，以他们为楷模力争上游。此外，还有些老前辈是好为人师的人，他们之中有些也许只比我们早一点入行或者进入公司，自己虽然也处于学习阶段，却很热心，总是愿意对新人指点一二，表现出他们的能力非同凡响。不管对于哪种前辈，作为既无经验也无人脉的职场新人，我们都应该虚心学习和求教，这样不仅能博得前辈的好感，从而与前辈处理好关系，也能得到突飞猛进的进步，可谓一举两得。

很多初入职场的新人都有不知所以的体验，他们是如此懵懂，对待职场上的人和事，都不知道如何处理才能更好。实际上，向老前辈请教无疑是与职场上的老人套近乎、搞好关系的好方法。人都有好为人师的本性，倘若我们真的怀着真诚求教的心态向老前辈请教，相信他们一定不会辜负前辈的称呼，甚至有些热心肠的人还会从各个方面主动关心和帮助我们呢！总而言之，唯有怀着空杯心态，多多学习，常常请教，我们才能博得老前辈的好感！

小张和小李是一起进入公司的，三个月的试用期过去，小张俨然已经和公司里的老同事打成一片，但是小李呢，和三个月前进公司相比没有太大的进步，依然和同事之间显得非常生疏，工作上也缩手缩脚的，不知道如何开展。看到小张和小李的巨大差距，人事部主管找到小李说：“考虑到你工作还是比较勤奋，因而公司决定再给你延长一个月的试用期。但是如果一个月之后你依然不能融入集体之中，那么公司就没法留你了！你看看，你和小张是一起进入公司的，小张如今已经完全适应公司，也与同事搞好关系了，更是把工作做得风生水起，你要向他学习啊！”

找工作在现代人才竞争激烈的情况下越来越难，因而小李马上开始观察小张，他可不想失去好不容易才得到的工作啊！经过几天观察小李就发现了小张的秘密，原来小张几乎每天都会向老同事请教各种问题，而且他嘴巴很甜，这个叫哥，那个叫姐，总是把老同事哄得心花怒放，还不遗余力地交给他工作经验。见此情形，小李不由得觉得自己入职三个月简直白混了。原来他一直担心给老同事添麻烦，因而遇到任何问题都努力自己解决，即使有不懂的也会慢慢摸索，他可没想到向老同事讨教不仅能够让自己进步神速，还可以得到老同事的认可和欣赏呢！接下来的一个月里，他时刻向小张学习，最终也迅速和老同事们熟悉起来，工作上也如鱼得水，游刃有余。

在这个事例中，害怕给老同事添麻烦的小李一直本着自给自足、自力更生的思想，从未给老同事添过麻烦，反而导致工作上进步缓慢，而且与同事之间的关系也非常生疏。小张则与他恰恰相反，不但得到了老同事的真传，还使自己在工作上进步神速，可谓一举数得。幸好公司给小李延长了一个月试用期，否则小李估计至今还不知道自己输在哪里了呢！

朋友们，不管是久经职场，还是刚刚进入一家新公司，我们都不妨怀着空杯心态向老同事求教。要知道，对于虚心的学生，每个人都好为人师，我们在求教的同时恰恰也满足了老同事的这种心理，从而做到一举数得。

掌握技巧，给同事提意见不招烦

人在职场，免不了要与同事相处，尤其是在分工细化的今天，我们更是需要与同事友好相处，经常进行深入交流，才能为工作的开展创造便利条件。举个最简单的例子，倘若我们觉得同事某个地方做得不对，因而生硬地给同事指出，那么同事非但不会因为我们对其关切而感激我们，反而会因为我们对其指手画脚、颐指气使的态度而心生怨恨。一句话采取不同的说法，效果往往大相径庭，倘若我们能够改变方式，以委婉的方式给同事点拨，则同事很有可能因为我们的关切和真诚而对我们心怀感激。由此一来，同事关系也必然变得更加和谐融洽，更不会因为提意见这件小事导致得不偿失。

作为一名职场老人，金波已经在职场打拼很多年了，但是他始终无法处理好与同事之间的关系，换了好几个公司，都是因为与同事关系不好无法长久地待下去。由此一来，频繁跳槽也给金波带来了损失，毕竟每去一家新公司，都要重头再来。对此，金波也很苦恼。后来经过一番分析，金波认识到是他的脾气太过耿直，任何事情都不能装在心里，总是毫无保留地马上说出来，而且不会采取委婉的方式，因而才总是得罪同事。

记得有一次，金波看到有个同事把杯子里的水倒进纸篓里，因此马上严厉地指出："你这么做，会给打扫卫生的人带来很大的不便。一旦袋子破了，拎着走的话会滴得到处都是水，也使办公室的环境变得脏乱差。假如经理知道你这样的做法，一定会狠狠批评你的。"那个同事嘴上说着："下次注意，下次注意！"心里却恨死了金波，暗暗想道："我宁愿被经理批评，也不愿意被你叨叨，真把自己当棵葱啦！"就这样，金波无数次因为这些鸡毛蒜皮的小事得罪同事，最终导致办公室里人人都不喜欢他，他也只能换工作了。

其实，倘若金波能够改变方式，小声提醒同事："垃圾袋不够结实，容易漏，还是去茶水间倒吧！上次小马这么做，就被经理批评了。"这样的表达同样能够收到良好的效果，而且比金波的直来直去、声色俱厉好多了，最起码不会招致同事的反感，而且同事还会因为金波的善意提醒对金波心怀感激。如此一来，岂非皆大欢喜么！

通常情况下，每个人都是很爱面子的，几乎每个人都喜欢听赞扬的话，而不喜欢被他人指责和批评。同事原本就是平等的关系，倘若我们能够采取合适的方式给同事提意见，照顾到同事的面子问题，让同事听完之后不至于对我们恼火，反而能够感谢我们的及时提醒，那么同事关系一定会越来越和谐融洽，也能给我们的工作带来更多的便利。

元老级同事，你要懂得特别对待

古语云："闻道有先后。"所谓先后，就是让你多在职场的沟通实践中尊重前辈，和他们进行良好沟通，并给自己找到将来发展的参照物。通过沟通，才能明白自己应该做什么，不应该做什么，应该如何去做等，这都要从和前辈的沟通过程中得到指点。总之一句话，想要从职场前辈那里获取真经，你必须和他们聊得来。

徐亮通过激烈的竞争，过五关、斩六将，终于被一家国有企业录用，分配到单位的某一部门办公室做文员。同一个办公室的老李是一位快五十的人了，在单位里已经干了都快三十年了，人特严肃，不苟言笑。年轻人好动，喜欢活跃的气氛，面对老李徐亮始终觉得有点别扭，他一天到晚板着个脸，打自己来就没见他笑过。于是，徐亮就整天在办公室里利用闲暇时间自娱自乐。

一天，徐亮闲着没事在办公室里上网，看到某位李姓明星写的博客，就和老李打趣："李老师啊，你整天这样生活是不是很沉闷啊，我看有个明星开了个博客特别好，内容很精彩，上面记录了很多有趣的故事，我觉得吧，您也应该弄一个玩玩，再说了您的文采那么好，不能浪费啊，写了好故事贴上去，准能迅速火爆全球啊！"老李听了，脸色一变："年轻人，上班时间就要有个上班的样子，如果有工作那就认真钻研做到最好，如果你没事那就多学点东西，整天晃悠着瞎扯些没用的东西，那是浪费生命。现在你还年轻，要学的东西有很多，劝你还是脚踏实地一点，不要整天在网上迷失了自己的人生方向，脑袋里没东西，有你着急的时候。"被老李结结实实教训了一通，徐亮大气儿都不敢出。

自那以后，徐亮开始将功补过，工作起来特别认真。每天都是第一个到办公室，扫地打水；下班后也是把一切都收拾妥当了，最后一个离开。写的每一份材料都是字斟句酌，反复推敲。不管是谁交办的事，徐亮都尽心尽力，办得妥妥帖帖。时间一长，老李对他的看法转变了，觉得这个年轻人态度谦虚，知道上进，是个可造之材。一天早上，当徐亮把一杯泡好的热茶端到老李手里的时候，老李对他露出了难得的满意的笑容。从此，老李把徐亮当成了自己的徒弟，开始言传身教，不论是工作上的大事小情，还是单位里的人情世故，都毫无保留地指点徐亮。得益于老李的帮助，徐亮不论是业务上，还是在单位的人际关系上，都如鱼得水，进步非常快。说起老李，徐亮的感触特别深：如果自己当初不接受老李的批评，甚至是跟他对着干，现在就是另一种局面了。作为新人，我们一定要尊重老员工，态度要谦虚。

职场前辈的最高境界是所谓人品、处世、专业能力样样都超强，遇到这样的人，又与你有缘，是可遇不可求的。不过每个人在漫长的职业生涯中一定可以遇到，如果遇上了，请你一定不要忘记谦虚地向他们求教。案例中，徐亮之所以在短时间内进步如此之大，跟老李的指教有着极大的关联。倘若徐亮还是自以为是地活在自己的圈子里，那他就无法与老李聊到一起，也无法学到如此多的东西。

初涉职场的年轻人最易犯的毛病就是妄自尊大、心高气傲，这在职场里是要不得的。职场中的每一个人都需要有一种踏实沉稳的实干精神，更何况是年轻人在老前辈面前呢？想要生存，一定要先学会低头，这样才能赢得和谐的人际关系，赢得更好的发展。

那么，面对职场老前辈，我们该如何与他们相处得更为融洽呢？

1.做一个低调的人

即使你是很优秀的职场新人，在和职场前辈沟通时，保持适度低调也是理所应当的。你不需要过多地讲述自己过去的学习或者工作经历，因为，你过去的成绩终究是代表你曾经的个人辉煌，而作为职场前辈，他们更想看到的是你今后能够给整个组织机构带来的变化。而且，过度高调，只会让人反感，因为一个踏实且有梦想的人是不会为之前的点滴荣耀而沾沾自喜的。

2.与前辈沟通要积极主动

我们要积极主动地与老同事、老前辈进行交往。在与他们交往的过程中，我们不妨悄悄地从细微之处观察、学习、揣摩这些职场前辈的做法，博采众长。学习他们的优点，克服自身的缺点，把对自己有益的部分变成自己性格中的一部分，让自己不断地强大起来。

3.虚心接受前辈们的教诲

给予我们工作上提醒和警告的多是我们的前辈。不管他是出于好心还是恶意，只要我们发现真的是自己的问题，或者真的是需要自己去注意的问题，那么我们就要接受。还可以鼓励自己说，前辈能直接给予提醒实在很难得。

相对于前辈，或许你头脑更活跃些，点子更多些，想法更新奇些，但是有一种东西你不能无视，那就是经验，这是你没有的。这个经验是岁月累积下来的宝藏，而这恰恰是你在短时间内不能拥有的。每一个经历了时间积淀的前辈，都会拥有自己的丰富经验。因此，想要在工作中发展得更长远，你必须谦虚地向前辈学习。

谨防被嫉妒，说话处世需谨慎

嫉妒，心理学上认为这是一种突出自我的表现。在这种心理支配下，待人处世常常以自我为中心，对才能、名誉或境遇比自己好的人心怀怨恨和不满。“德”“才”“财”和“貌”都是引起嫉妒的导火索。其实，处于他人的嫉妒之下，你就等于处在了危险的圈子。

我们来看下面这个案例，看看案例主人公是如何化解他人嫉妒的：

李鹏是某公司的普通员工，因为成绩突出而获得优秀员工奖，在全公司的表彰大会上大出风头，引起众人的关注。原本每年这个奖都是杨威的，可这回他落选了，自然情绪有些低落。散会后，杨威不无妒意地握着李鹏的手笑着说：“李鹏，恭喜啊，感觉不错吧？”李鹏很机敏地回答说：“杨哥，我还是头一次见这么大的场面，面对那么多的领导，说实话，讲话的时候我还真有些紧张，生怕什么地方说错了。我要能像你那样就好了，每次在台上都那么镇定自若，你有什么秘诀呀？”杨威听后不禁暗自发笑，真是没上过台面，上台讲几句话还这么紧张。这样一来，杨威心中的那种隐隐的嫉妒心，明显淡化了许多。

李鹏的做法可谓聪明，他抓住了杨威的心理，只用几句话就迎合了他的优越感，化解了对方的嫉妒心理。如果李鹏扬扬得意，说不准哪天杨威就会给他设个绊脚石。

嫉妒是一种正常的心理状态，每个人都有嫉妒之心，但是如果嫉妒之心过度了，伤害了他人，那就要深刻反省一下了，因为这已经跨入了心理疾病的范畴。朋友们，我们要从自身做起，不做善妒者，要做一个阳光的人，一言一行展示自己的大气度。同时，防人之心不可无，我们一定要懂得谨慎对待他人的嫉妒，言谈举止之间要懂得保护自己，千万不可粗心大意，让自己处于被嫉妒的危险境地。对待善妒者，我们可以从以下几点加以防范：

1.多给善妒者一些赞美

你的出色令他人脸上无光，乃至产生不自信，甚至自卑，这很容易让他人产生嫉妒。所以，经常对别人的成绩表示肯定，能缓解其心态上的不平衡。前提是不要虚情假意，要发自内心地进行赞美。否则只会适得其反，后果只能是无果而终，甚至会引来更大的怨恨。

2.收敛自己的锋芒

有些道理是再明显不过的，但是人们总是视而不见。可能人们自己没有意识到，但是确实存在这样的现象：人们往往对强者的毁灭有一种幸灾乐祸的态度，而对弱者总是无节制地同情。正是这种心态的作怪，要求人们必须学会收敛自己的锋芒。

3.淡化优势，懂得示弱

如同“中和反应”一样，一个人身上的劣势往往能淡化其优势，给人以“平平常常”的印象，当你处于优势地位时，注意突出自己的劣势，就会减轻妒忌者的心理压力，令其产生一种“哦，他也和我一样无能”的心理平衡感，从而淡化乃至免却对你的嫉妒。

我们要学会善待别人的嫉妒，以宽容、谅解去感化某些心胸狭窄的人，让他们从内心接受你的才华和成功，从而尽量减少因嫉妒而滋生的问题，享受更自如的生活！

不要抢占同事的功劳

在日常工作中，有的人看见昔日与自己站在同一起跑线的同事不断地加薪晋职，就免不了想到自己的处境，只有普通的岗位，拮据的生活，心理难免会不平衡。他们总是认为同事是“瞎猫撞到死耗子”，觉得上司对自己不够公正，甚至，怀疑同事背后有着不可告人的“潜规则”。总之，他们对同事的成功，总是感觉那是通过不正当的手段取得的，心里有了敌意，有时还会抢占同事的功劳，以此来达到心理上的平衡。其实，作为同一间办公室的同事，或许我们本来是站在同一起跑线上的，在职场生涯中，会不可避免地有所比较。

有时候，同事的进步或多或少地会让我们的心里有些触动，这是很正常的。但是，许多人并没有调整自己的心态，而是愈演愈烈，最后，几乎把同事当成了敌人，他们处处抱怨，想法设法地抢占同事的功劳。

新年过后，公司又开始新的一轮人事变动，准备提拔一批年轻的干部。小娜、小乐、小慧是很好的朋友，在大学的时候是同班同学，一起进的公司。三个人的工作能力都特别突出，又同在一个部门，这次的人事变动将影响到她们三人的前途。小娜认为自己绝对能够胜出，因为自己不但工作能力优秀，而且长得很漂亮，这对于经常在外面与客户洽谈业务是相当有优势的；小乐则专注于自己的工作，偶尔会向同事打听一下，并没有予以多大的关注；小慧则不闻不问，一点也不关心人事变动这件事。

最后结果出来了，业务部所提拔出来的年轻干部是小乐。于是，办公室都在议论纷纷：论工作能力，小娜比她能干多了；论业绩，小慧丝毫不比她逊色。每天听着这样的议论，小娜心里觉得很愤慨，她非常嫉妒小乐，索性请病假歇班了。而小慧却真诚地向小乐祝贺，并更加积极地投入到工作中去。

不久，小娜因为心里有情绪，在工作上提不起劲，还是在原地踏步。而工作出色的小慧却在两个月之后被提升为办公室主任，同时，她与小乐的关系也越来越好，可谓是事业、友情双丰收。

本来一场竞争就这样成了双赢的局面，而小娜最终因为嫉妒的心理影响了自己正常的工作。正是因为小慧保持平和的心态，大方为同事的成功而喝彩，她也获得了最后的成功。其实，小慧就是一种自信的表现，因为她知道自己是一颗珍珠，别人的光辉非但没有遮蔽自己，反而会把自己照得更亮。所以，面对同事的成功，她不抱怨，不抢功，而是送出喝彩，积极投入到工作中，最后，终于通过自己的实力得到了上司的认可，同时，她谦逊、平和的姿态也赢得了同事小乐的好感，两人成为了工作中的好搭档。

在办公室里，不乏这样的人，当自己取得了成绩、荣誉，就奔走相告，兴奋不已，而一旦同事或者身边的人有了进步，却往往充耳不闻，甚至竭尽所能地挖苦、嘲讽对方，以宣泄自己的嫉妒心理。其实，这是一种心理失衡的表现，我们需要调整情绪，保持平和的心态。

1.对自己有信心

在办公室里，只有那些缺乏自信的人才会抱怨，才会嫉妒。看着同事的成功，想到自己没有出头之日，他们内心就会失衡，以至于抱怨上司不公平、抱怨同事走了关系等。作为办公室里的一员，我们要对自己有信心，要相信，可能今天晋升职位的是同事，也可能明天就是自己了。对自己有了信心，在一定程度上，能缓和心理的不平衡，从而保持心态的健康，能够更加出色地胜任自己的工作。

2.为同事的成绩喝彩

当身边的同事获得了成功，我们应该大方地为他人喝彩，这是一种智慧。为同事的成绩喝彩是一种难得的智慧，当你在欣赏同事的时候，也在不断地提升和完善自己；当你真诚地为同事成绩而鼓掌的时候，你化解了敌意，获得了友谊；当你在赞赏同事的时候，其实也矫正了自己的狭隘自私和妒忌的心理。另外，为同事的成绩喝彩，会拉近与同事的心理距离，增强自己的人际吸引力，建立融洽的人际关系，营造良好的工作环境。

3.不抢同事的功劳

当同事为公司的发展作出了贡献，许多人在心理失衡的情况下会做出抢功的行为，明明是同事的功劳，硬是在上司面前说自己也有功劳，以此来平衡心理。其实，这样的行为是很不对的，一旦真相出来了，不仅得罪了同事，而且，在上司面前也留下了恶劣的印象。所以，面对同事的成绩，不要嫉妒，不要抢占同事的功劳，而是想着自己怎样才能达到同事那样的成绩。

西班牙学者巴尔塔沙·葛拉西安有句名言：“学会欣赏每一个人会让你受益无穷，智者尊重每一个人，因为他知道各有其长，也明白成事不易。”其实，我们身处职场这个风云变幻的环境，应该保持平和的心态，不抱怨，不抢功，这样我们才能与同事建立融洽和睦的关系，也才能为自己的职业发展创造一个良好的环境。

谨慎应对虚伪同事

在我们身边有着很多虚伪的同事，表面上他们常常对你的态度很友好，背后却坏话不断，或者使计策陷害。当我们与这样的同事相处的时候，一定要格外小心，以免被蒙骗了。当然，在我们的工作中，什么样的人都能遇到，但只要不伤害到自己的利益，那么与其相处还是可以的，因为毕竟每个人除了缺点还有优点。但是，如果有可能，还是尽量少与那些虚伪的同事打交道。

小丁是一家公司的普通职员，这些天她心情很不好，因为自己的主管是一位喜欢对下属指手画脚的人，他希望所有的事情都要按照他自己的方法进行。这让小丁感觉自己就是一个牵线木偶，只是被人操纵，自己没有一点主动权。

当时，小丁与主管的秘书关系还算不错，有一次吃饭两人聊得不错。小丁就以为遇到了知音，把自己所有的苦闷一股脑儿说给对方。她还心存幻想，希望主管的秘书能把自己的苦恼反馈给主管。

结果第二天，也不知道主管的秘书转述了些什么，当主管见到小丁的时候，脸色更难看，嗓门也更大了。小丁想着自己还把那秘书当作知心朋友，原来她是一个虚伪的人，她既愤怒又后悔。

虚伪的同事一般都戴着面具与你交往，他不会在你面前暴露真实的自己。所以，在更多时候我们不仅要做好自己的工作，而且要小心提防对方。假如对方是一个虚伪的人，你需要做好的就是自己与他保持一种有距离的关系，你也没有必要揭开对方虚伪的面具。因为你们毕竟只是一种利益上的同事关系，而且工作还要继续协作下去，没有必要去追究对方虚伪的目的，只要没有伤害到自己的个人利益，自己完全可以保持一种平和的心态。

那么，具体我们该如何做呢？

1.不要和他们说真心话

面对虚伪的同事，千万不要说出你的真心话，或者是向对方吐露一些你的秘密、隐私。因为那些虚伪的人通常都是戴着假面具，他们可能在赢得了你的好感之后，获取你的秘密、隐私，把那些作为他在其他同事面前的谈资。因此，对待那些虚伪的同事，只需要随便寒暄几句即可，而不需要把对方当作知心朋友那样无话不谈。

2.不要在他们面前抱怨其他的同事

当你们聊天时，千万不要因为自己情绪比较坏就在他面前抱怨其他的同事。如果他知道了你对某位同事有不满的情绪，他就会有所行动。他们有可能会把你所抱怨的那些添油加醋地告诉对方，使你们之间的关系更加恶劣；他们也有可能在公司同事面前，假意站在你这边，“帮着”你说那位同事的不是，并且还会把你对同事的抱怨说出来，到时候，不仅是那位同事，你自己也陷入了尴尬的窘境。

3.坚持自己的原则，不要过于迁就他们

有时候，虚伪的同事会用甜言蜜语向你进攻，并且向你请求帮助，这时候，你一定要坚持自己的做事原则，不能因为害怕得罪他而迁就他。当然，直接拒绝他，得罪一个虚伪的同事也不是一件好事，但是一味地迁就更不是上策，这会使对方感觉找到了你的软肋。最佳的办法，就是巧妙拒绝，既不伤彼此的和气，也使对方明白你真的是有难处，进而理解你。

4.谨言慎行，做好自己的本职工作

那些虚伪的人都善于观察身边的人，洞察他人的心思，所以，你在交往中千万不要小看了他们的能力，而是要谨言慎行，做好自己的本职工作，千万不要背地里搞一些小动作，否则只会让他们抓住你的把柄，揪住你的小辫子。俗话说："身正不怕影子斜。"只要你的言行举止没有丝毫的漏洞，他们就拿你无可奈何了。

5.与他们沟通要有防备之心

俗话说："防人之心不可无。"而特别是面对那些虚伪的人，需要自己有一定的提防之心。无论是说话做事都要果断，自己的事情自己做主，对方给你建议或者答案只能作为参考，要按照自己的想法作出决定。有时候，如果你轻易地相信了别人所说的话，就有可能中了他的圈套，把自己推进一个困难的境地。

总而言之，你在与那些虚伪的人打交道时一定要小心，以防自己上当受骗。其实，从某种角度上说，和虚伪的人一起共事并不是一件坏事。因为你可以从他们身上学到很多东西，比如，善于观察，善于总结，善于洞察人心，与那些虚伪的人相处可以让我们变得更加老练。有的同事值得你真诚地对他，有的只是一般同事或是只能算个表面朋友，所以虚伪只是用来应对那些虚伪的人，而真心朋友则要以诚相待。

第 04 章

主动汇报多表现，工作成绩看得见

主动汇报，别等着领导问你

职员日常的工作中，有一项看起来比较琐碎但实际很简单的工作，那就是——向领导汇报工作。通常情况下，对下属而言，汇报工作可以分为主动汇报和被动汇报，简单地说，主动汇报就是自己主动向领导汇报工作的进展情况，被动汇报工作就是领导询问起来的时候，下属所做的汇报行为。这两种不同的汇报方式，将决定着其不同的结果。通常对于领导而言，他们都乐意听取工作汇报，但是，在现实工作中，许多年轻人将向领导汇报工作看作是一件可有可无的事情，甚至觉得如果自己主动向领导汇报工作有溜须拍马、阿谀奉承之嫌。他们天真地以为，只要自己出色、圆满地完成了任务，加薪晋职也就是水到渠成的事了。一旦领导看到自己的工作能力，自然就会作出公正的判断。但事实上最终的结果是，这些有着天真想法的下属并没有得到应有的重视。

一般而言，领导所部署的工作是极其繁杂的，所完成的时间也有所差异。有的可能只是复印的工作，这样的工作时间算是比较短的；有的则是写调查报道，估计得一个月才能完成。工作时间的跨度不一样，下属的做法就应该不一样。对于那些较长时间才能完成的工作，则需要时不时地向领导积极汇报工作进度，让领导及时地了解自己的工作情况。

但遗憾的是，大部分的下属都缺少这种习惯，或者说，他们内心有这样的想法，但无法养成一种习惯。

实际上，如果下属不主动汇报自己的工作，这会让领导产生疑问：下属每天都在忙，到底在忙些什么呢？因此，作为下属，我们一定要养成主动汇报工作的习惯，这会让领导更放心，不要滞留小小的错误，以至于到最后酿成大错。如果你能及时地、主动地向领导汇报工作，一旦出现了问题，那领导就可以及时地纠正你。

小辉是一个工作能力比较强的人，他来公司已经一两年了，虽说为公司做出了不少成绩，却得不到领导的重用。小辉百思不得其解，同事中那些不如自己的人，结果每个都混得了一官半职，就只有自己还在原地踏步。

这天小辉在公司值班，他们公司是生产玻璃瓶子的，小辉平时工作就很细心，容不得半点出错。因此，他几乎是不敢眯眼的，两只眼睛看着机器的运转，希望每个环节都不要出事。可就在小辉巡视车间的时候，发现本来均匀的原材料竟然冒出了气泡，这可是不合格的。怎么办呢？小辉看了看时间，已经是晚上九点了，这么晚了，估计领导都休息了，自己先看着，明天再汇报吧。结果小辉一晚上没合眼，幸亏那气泡不是很严重，只出了十几个次品，小辉也不打算向领导汇报这个情况了。

可不知道领导从哪里知道了这个情况，赶紧让小辉去了办公室，并对他大发雷霆。领导拍着桌子，说：“你为什么不主动向我汇报产品的情况？你知不知道像昨晚那种情况，如果不是今天这样的结果，你几乎酿成大错。小辉，你不是一直很想知道自己为什么不被重用吗？其实原因很简单，因为你从来没向我主动汇报过工作，我不知道你一天在忙什么，忙出一些什么成绩，如果你不与我进行交流，我怎么了解你工作的相关情况呢？又怎么会重用你呢？”

案例中，由于小辉从来不主动向领导汇报工作，结果让领导失去了对他的信任，虽然他很有工作能力，但若不及时与领导沟通，即便有再大的本事也枉然。作为下属，主动及时地向领导汇报工作，不仅让领导对你很放心，还会让你与领导之间建立良好的互信关系，让领导可以主动地对你的工作予以指导，从而帮助你更为顺利地完成工作。

有的下属不愿意主动向领导汇报工作，其实是没有摆正心态。他们对领导存有畏惧心理，特别担心在工作中出现纰漏或错误，唯恐被领导责备，害怕向领导说到工作的情况；还有就是迫于周围同事的压力，他们认为多向领导汇报工作就会被同事误认为这是在打小报告，最终这样一些心态影响了他们汇报工作的态度。

在汇报工作时应该注意以下一些技巧：

1.注意汇报工作的顺序

通常情况下，注重汇报工作的顺序是先顺后难。领导从听者角度出发，他并不乐意一开始就听到一大堆的困难和麻烦。所以员工在汇报工作时，尤其是综合性汇报，如月度工作汇报，应该先汇报已经完成的工作，再提出存在的困难工作，而且最好谈论一下自己的解决思路和建议。

2.注意重点和思路

员工在汇报工作时还应该注重要点和思路，宜条理分明。在汇报工作时应提前做好资料的收集和准备工作，力求在汇报时条理清楚。尤其对于领导部署的重点工作，没有完成的工作也最好说明阶段性的进展情况。

对此，下属应该清楚，主动汇报工作是本身就是一种工作，你越是能及时主动地汇报，领导就越早放心。再说，身正不怕影子斜，只要真的是在汇报工作，不管其他同事在说什么，做好自己的工作就行了。

有技巧地汇报工作，让领导更信任你

身处职场，我们都明白一个道理，任何一个领导，都不喜欢下属跳出自己的视线之外，更不希望下属玩小动作。他们都希望全程掌握下属的工作状况，但“日理万机”的他们，不可能做到事无巨细，此时，哪个下属能主动做到向领导汇报工作，谁就会与领导混个面熟。另外，经常性地向领导汇报工作，还可以表现出自己对工作的责任心、工作的努力程度，并可以获得领导的指正，不断修正方向，减少失误。

因此，作为一个下属，你若想要想赢得上司的信任，就必须学会主动、巧妙地汇报工作，以此给上司吃一颗定心丸。

小薇从大学毕业以后就在现在这家民营企业工作，转眼已经三年时间，她也从一名部门职员升职为客户经理，她之所以升职如此快，是因为她一直很懂得与领导沟通工作，而最近，由于事情多、很忙，她就忘记了向领导汇报工作。

有一天，她在开会时批评下属说：“你们现在好像一天到晚都很忙啊，好像都不汇报工作了。”可是，会后，她听见员工们说：“何总光会说我们，她自己好像也有十天半个月没有去总经理办公室了吧！”这话倒提醒了小薇，她想，这段时间，工作是很忙，但是也没有忙到没有时间去向上司汇报工作情况的程度，怪不得总经理这些天好像都对自己好像有意见似的。如果每天甚至每两天抽出一个小时的时间走进上司的办公室，向他汇报自己的工作，可能就不会是这样的情况了！

想到这里，小薇立即安排秘书为自己做工作详细记录，第二天她走进上司的办公室，对老总说：“总经理，这是我近来的工作进度，请您审查。”上司对她流露出微笑：“有进步啊！”小薇也报以微笑。

从案例中，我们发现，在与领导沟通时，主动的态度是十分重要的。主动汇报工作，与领导及时交流，不仅能及时更正错误或不当的工作方法，还能让领导放心。

然而，我们也可以看到，一些职场人士要么害怕见到领导，不敢主动汇报工作，要么在汇报时不得要领，也失去了展示才华的机会，更重要的是，也失去了上司的信任。

可见，向领导汇报工作一定要对味，对于不同的领导，汇报的详尽程度是不同的：对那些注重结果的上司，只强调工作成果，切忌喋喋不休地详述过程；而对那些注重操作细节的领导，你则最好事无巨细都报告清楚，这样就能精准得分。

那么，在向领导汇报工作的时候，该注意些什么呢？

1.表达服从

古往今来，上下级之间，下级服从上级，这是天经地义的事，虽然也有很多下级冲撞上级，但他们都为此付出了代价，当今职场，这一规则更是不可动摇。因此，在汇报工作的时候，我们一定要注意这一点。

也就是说，汇报工作，我们要尽量把焦点放在“汇报”上，而不能越权，更不能说越位话。

2.汇报要有重点

工作中，你可能会遇到多件事需要一起汇报的情况，此时，你对每件事都应考虑周全，突出重点，在表达时不可啰唆絮叨，要力求简洁，毕竟领导的时间是宝贵的，另外，简洁有力的表达会让领导对你产生好感。

3.条理要清晰

在向领导汇报工作前，不妨先做个文字整理工作，用一、二、三、四、五来列点，言简意赅，层次分明，用最精练的语言，较准确地表达自己的汇报意图。

4.了解领导的想法

我们在汇报工作前要懂得揣摩领导意图，领悟到领导更倾向于哪一种解决方案。如此，你就可以把某一种方法放在前面先说，然后再把其他建议也一并向领导汇报，供领导决策参考。

5.多提出解决的方法

在汇报工作中，最重要的部分是提出问题的解决方法，而不是单单提出问题。

作为下属，我们的工作不是问询领导该如何解决问题，而是要提出方案并获得领导批准。如果什么都让领导来处理，就不需要下属了。

当然，在我们准备工作解决方案时，要多预留几套方案，这样，即使领导否定了其中一种，我们还有其他的方案。

6.关键地方多请示

我们还要善于在关键处多向领导请示，征求他的意见和看法，把领导的意志融入正专注的事情。

总之，任何一个职场人士，都应该学会揣摩领导的心思，主动向上司汇报工作，并掌握一定的汇报技巧，如此便能让上司满意你的表现。

让上司知道你工作得很快乐

我们每天为工作辛苦着、忙碌着，我们何曾问过自己，我们工作的目的是什么？仅仅是拿到养家糊口的薪水吗？如果是这样的话，你肯定不快乐，工作压力也就油然而生，工作时间的8小时会度日如年，其实，压力都是自己给的，学会享受工作，才能快乐工作。而对于领导来说，更希望自己的下属和员工干一行，爱一行，积极热情地投入工作，只有这样的下属，领导才会给予充分的信任。

古人云，既来之则安之。当我们选择了一份工作时，就要把它当成发挥自己能力和价值的平台，在这个平台上，将自己的潜能激发出来，慢慢你就会热爱自己的工作。而这个道理运用到和领导相处的过程中，就要求我们告诉领导，你现在工作得很快乐，你的工作状态很好，你能精力充沛地工作。当领导了解这些以后，自然就会信任你，你就成了一个令他放心的下属。

王玲和她的同学们不一样，她的运气很好，大学毕业，当别人还在焦头烂额地忙着找工作时，她已经和一家大型公司签约，她面试的第一份工作就成功了，一切看起来那么顺理成章，并不像其他人说得那样复杂。只记得，当时面试的时候，一个主考官问她想不想来这里上班，她说，当然想了。他问为什么，王玲笑着回答："因为我喜欢这里的工作环境。"

主考官报以一笑，问道："我想知道你说的工作环境是怎样的。"

"那天，我来面试的时候，每个人都对我笑，还都热情地和我打招呼，我面试的时候，几个考官也对我笑脸相迎，大家都是那么友好，在这样一个环境中工作，肯定会心情愉快的，另外，整个公司的作息制度我也很喜欢，与我的作息时间刚好相符。"

主考官沉默了一会儿，和其他几个考官说了些什么，让王玲回去等通知，很快，王玲就被录取了，而且薪酬、待遇都还不错。

于是，王玲就这样在这家公司上班了，一切都很合乎她的习惯，上起班来自然心情也很愉快。有一天下班后，王玲在公司门口遇到了领导，领导关心地问王玲："还习惯吗？"王玲笑着说："当然习惯了！比上学的时候好，也很有成就感！"领导笑了："小丫头不错，继续努力，好好工作啊！"王玲很爽快地回答："是！"

王玲在公司本本分分地工作着，和那些普通员工一样，没有什么突出成绩，但也没犯什么错误，到开会的时候，大家都争先恐后地向领导汇报自己的成绩，而王玲则笑着说："好像也就是一点点，不多，就是感觉挺快乐的！"

领导又问她："你为什么总感觉那么快乐呀？"王玲笑着说："因为我特别喜欢这个工作，做自己喜欢的事情，自然很快乐了！"领导会心地笑了。

后来，有一次上司对王玲说："你的工作情绪不错，整天开心地工作着。这样的情绪对其他同事也是一个促进，别人看见你开心也会跟着开心起来的，相反如果你不快乐，整天愁眉不展，同事看到后也会感觉不开心，对工作就会产生抵触心理，对工作是非常不利的！”

这时候，王玲终于明白，原来自己的制胜法宝竟然是“快乐”！

王玲领导的话可以说是说出了很多领导的真实想法，每个领导都希望自己的下属能把快乐传递给身边的每一个员工，大家的工作情绪调动起来以后，工作效率就会大大提升。所以，领导一般会对那些快乐工作的人给予充分的信任。

那么，怎样让你的上司认为你在这里工作非常愉快呢？除了要自身快乐地投入工作中之外，还要在语言上表现出你的快乐。那么，在向上司表达这种快乐的时候，我们应该注意些什么呢？

1.表达的方式

和上司说话前，要运用腹腔呼吸，不要用胸腔来呼吸，这样声音才会听起来更有力，这样才会让你的上司感觉到你的快乐；同时，把声音放低，这样听起来平稳、和谐，也更显得魅力十足，你内心的快乐也会很快传递给你的上司；当上司交给你一份新任务的时候，多说“我行”“我可以”“我能做的”“我会做好的”之类的话，你的自我感觉会更好，上司也会增加对你的信心。

2.肢体语言的运用

在说话的同时还要注意肢体语言表达的技巧。如说话的时候眼睛要看着对方，配合一些手势，并面带微笑，这样可以增强语言的感染力。

3.避开不快乐的元素

不要将不快乐的信息传递给上司。如说话吞吞吐吐，总带有“嗯”

“啊”“这个”之类的赘词；或者说一些让人感觉到你不快乐的口头禅等。

汇报工作，莫说“越位”话

日常工作中，我们难免要向领导汇报工作，一个成功的职场人士也必然是一个善于汇报工作的人。因为在汇报工作的过程中，能得到领导最及时的指导，能更快地成长，也因为在汇报工作的过程中，能够与领导建立起牢固的信任关系。但在汇报工作的时候，你一定要明白双方的地位关系，万不可说“越位”话。因为领导需要绝对的权威，下属第一点要做的就是尊重领导，汇报工作时，感觉领导能力不够，非议领导的行为，甚至蔑视领导，是职场的大忌。

领导之所以为领导，必定有过人之处，即使工作年限没有你长，年龄比你小等，你也一定要尊重他，说话、做事不要无视他的尊严，因为领导的尊严不容侵犯、面子不容亵渎，记住，汇报工作时，你是一个下属而不是领导！

赛文是一名知名的广告设计师，因为能力突出，频繁地被一些广告公司挖墙脚，也就频繁地跳槽。后来，她进了目前这家公司。来到新公司，就连老板也给她几分面子，她在公司的地位也就可想而知。很快，她也和公司其他同事打成一片，最重要的是，她认识了好姐妹琳达。

然而在这样的公司里，人际关系非常复杂，赛文并没留意太多，只是和大家一起工作，一起开玩笑，琳达人很好，非常体贴人，两人下班后经常泡在一起。

有一天，赛文和平时一样进领导办公室汇报工作，对于新的案子要总结一下，可是，赛文在陈述完以后，却惊奇地发现领导那儿已经有一份和自己的设计差不多的策划，赛文明白了，只有琳达看过自己的构思，可是，这时候，领导的脸色已经很难看："我本来很看重你的才华和敬业精神，没有新点子也没什么，但你不该抄袭其他同事的创意。"

赛文当时就急了，和上司吵了起来："这明明是我的创意，怎么成了她的？"

"你能在各大公司间跳来跳去，这点抄袭的能力也不是没有吧！"领导的话语尽是鄙夷。

赛文当时很生气，也脱口而出说了一些不该说的话："是啊，我赛文，既然能跳槽，就证明我有本事，犯不着在这儿受你这种没脑子的上司的气！"话一说出口，赛文顿时感觉自己好像说错话了，但已经晚了，不到一个小时，她就被辞退了。

更可恶的是，她"抄袭"的事在业界居然被很多人知道了，也很少有广告公司再聘请她了，她陷入了极度的苦恼中。

虽说赛文说的是一时气话，但的确严重地伤害到了领导的面子和尊严，领导自然会解雇她。其实，对于赛文而言，比较明智的做法是，让自己冷静下来，用实力证明自己的能力，路遥知马力，领导早晚会知道事情的真相。可一旦说了"越位"话，让领导感觉颜面尽失，威严扫地，即使你再有能力，领导也不会再给你机会了。

因此，我们在汇报工作时，不管遇到了什么事，也不管领导说了什么，你都不能说越位话。那么，单就汇报工作而言，我们应该注意哪些语言上的技巧呢？

1.说话要有重点

向领导汇报工作时，有时是一件事，有时是两件事甚至是几件事，但对每件事都应考虑周全，突出重点，千万不可重复表达，啰唆冗长，要力求做到重点突出。这样既节约了领导的时间，又体现了自己对工作的熟悉程度、对问题的把握能力和自己的语言表达能力，同时又提高了工作效率。

领导的时间是有限的，许多你能力范围内可以处理的陈芝麻烂谷子、程序既定的工作，能处理的就处理。事无巨细，统统汇报，也有邀功之嫌。比如，一个负责行政的，对完成的车辆派用等汇报也没多少价值，对一些与通常情况下不一样的处理倒是有必要汇报一下。

2.条理要清晰

向领导汇报前不妨先打好腹稿甚至是文字汇报稿，言简意赅，层次分明，用最精练的语言，较准确地表达自己的汇报意图。

3.把握领导的倾向性意见

有时一件事只有一种解决办法，有时有多种。因此，汇报前要考虑领导倾向于哪一种方法，并把某一种方法放在前面先说，然后再把其他建议也一并向领导汇报，供领导决策参考。

4.多提解决的方法

汇报工作最重要的是提出解决问题的方案而不是简单地提出问题。要记住，汇报问题的实质是求得领导对你的方案的批准，而不是问你的上司如何解决这个问题，否则事事由上司拿主意，要下属还有什么意义呢？我们去找领导汇报工作时要预备多套方案，并将各个方案的利弊了然于胸，必要时向领导阐述明白，并提出自己的主张，然后争取领导批准你的主张，这是汇报的最标准版本。假如你进行的总是这样的汇报，相信你离获得晋升已经不遥远了。

总之，尊重领导很重要，有些领导能力不强，最怕下属看不起自己。汇报工作，要掌握方法和技巧，别说“越位”话，你就能获得领导的信任。

敢于承担，不为失职找借口

负责任是一个人立身做事的基本条件。一个人责任心如何，决定着他在工作中的态度，决定着工作的好坏与成败。而一个人是否有担当的勇气，更是责任心的一大体现。作为一名职场人士，要想获得领导的信任，想让自己的职业道路走得更顺利，我们就要为自己的工作负起责任，要敢于负责、乐于负责、善于负责。当工作出现偏差或者失误的时候，一定要敢于承担，别为自己的失职找借口。

其实，无论任何人，即使领导也一样，我们都会犯错，工作出现偏差更是常有的事。而对此，领导肯定要表现出一定的姿态，批评一下你，作为下属的我们，一定要接受，这首先是态度问题，即使你在工作中出现了再大的问题，只要敢于接受和承担，不为自己的失职找借口，也给领导留下可信任的印象。

张非是一名文秘，但平时的工作并不清闲，除了要整理文件，帮领导安排工作事宜，还有很多其他杂事，因为公司小，这些事情只能由秘书一手包办了。他和领导相处得一直也是不温不火，但战争还是爆发了。

那天，张非在办公室里整理报表，领导满脸不高兴地走了进来，问他：“小王呢？”那些报表大部分都是一些数字，需要认真、专心地整理，一听到有人打扰，张非也就火不打一处来，头也没抬丢了句：“不知道。”领导一听这话，这小张怎么也不把领导当回事儿啊。他拉长声音说：“不知道？那你知道什么？在一个办公室对面坐着，他人不在，你不知道他去了哪里？”这一下，张非更火了，心想自己那么卖力工作，难道不是为了公司？一来就问小王，虽然我们对面坐着，但是对方也不会去哪里都向我打报告吧？

张非心里是如此想的，却没有如此对领导说，只是生着闷气说：“我只有两只眼睛，都在做统计，没有多余的眼睛看小王了。如果你找他，就打他手机吧！”领导听了，火更大了，果真打起小王的手机，该他倒霉的是，小王的手机还关机了！那天下午领导简直暴跳如雷！对于张非卖力地工作，他压根就没有看见，甚至时不时地丢一句批评的话。

事实上，小王已经跳槽了，带走了公司很多资料。于是，每次开会，上司抓不住小王做典型，就拿张非做范例，说他如何只顾做自己的工作，不关心公司的总体情况等。

张非很后悔，当时为什么不忍忍，为什么脑子一热就和上司吵了起来。

其实，范例中员工小王的跳槽，也并不是文秘张非的错误，但作为下属，张非的确有失职之处，当领导问及此事时，即使自己没错，也不能狡辩和顶撞，否则只会火上浇油，给领导的印象也就更恶劣了。相反，如果他换一种方式和领导说话，比如，态度谦卑一点，语气和缓一点，告诉领导："实在不好意思，因为一直在忙统计报表的事，没注意到，这是我的失职。"如果张非以这样的口吻和领导说话，恐怕也不会有后来的结果。

那么，在工作中，如果我们出现一些工作中的失误，我们该怎样面对领导的批评呢?

1.对待领导的批评要认真严肃

上司一般不会把批评、责训别人当成自己的乐趣。既然批评，尤其是训斥容易伤和气，那么他在提出批评时一般是比较谨慎的。而一旦批评了别人，就有一个权威问题和尊严问题。如果你把批评当耳旁风，依然我行我素，其效果也许比当面顶撞更糟。因为，你的眼里没有上司，让上司面子尽失。

2.对批评不要不服气和牢骚满腹

批评有批评的道理，即使错误的批评也有其可接受的地方。聪明的下属应该学会好好"利用"批评。上司对你错误的批评，只要你处理得当，有时会变成有利因素。但是，如果你不服气，牢骚满腹，那么，这种做法产生的负面效应将会让你和上司的感情距离拉大，关系恶化。

3.切勿当面顶撞

当然，公开场合受到不公正的批评、不应该的指责，是会令自己难堪。你可以一方面私下耐心地对领导作些解释；另一方面，用行动证明自己，当面顶撞是最不明智的做法。既然你都觉得自己下不了台，那反过来想想，如果你当面顶撞了上司，上司同样下不了台。如果你能在上司发威风时给足他面子，起码能说明你大度、理智、成熟。只要这上司不是存心找你的碴儿，冷静下来他一定会反思，你的表现一定会给他留下深刻的印象，他的心里一定也会有歉疚之情。

4.不要把批评看得太重

一两次受到批评并不代表自己就没前途了，更没必要觉得一切都完了。如果受到一两次批评你就一蹶不振，打不起精神，就会让上司看不起你，今后他也就不会再信任和提拔你了。

5.受到批评不要过多解释

受到上级的批评时，反复纠缠、争辩是没有必要的。

那么，确有冤情，确有误解怎么办？可以找一两次机会表白，但应点到为止。即使上司没有为你“平反昭雪”，也用不着纠缠不休。这种斤斤计较型的部下，是最令上司头疼的。如果你的目的仅仅是不受批评，当然可以寸土必争，寸步不让。可是，一个把上司搞得筋疲力尽的人，又谈何晋升呢？

巧妙表露成绩，升职加薪也是争取出来的

生活中，我们常听到这样一句话：“会哭的孩子有奶吃。”这句话是要告诉我们要懂得表现自己，同样，身处职场也是如此。如果你是个平淡的人，你可能认为只要埋头苦干，做好自己的分内工作，你就是“先进工作者”了。实际上，这种想法是错误的，你这样做，只会给人留下老实、踏实的印象，一旦时间久了，你就会被领导忽略，职场中如升职、加薪等好事自然也与你无关。任何一个领导，都喜欢充满激情，富有创新，敢说敢想的员工，而这样的员工通常都会

得到重用。

安娜是某知名公关公司市场部的职员，她是典型的“慢热型”的人，她在这家公司已经做了整整三年，生意成交通常是靠经年累月与顾客建立的良好关系。几个月谈一个单，但业绩也还算不错。她每个月拿着不高不低的薪水，人际关系不好也不坏，只是每年考核结果每况愈下，第一年得了个“良”，接下来每年考核都是不好不坏的“中”。也许是不在总部工作的原因吧，平时和上司、同事都是电话或MSN联络。

一次，她去公司总部办事，在电梯里偶遇公司经理，经理居然叫不上她的名字。其实，安娜虽然说不经常与经理接触，但三年来，一起参加过的大大小小的会议也不少，并且，有几次，还一起出差。安娜反思了半天，问题还是出在自己身上。

后来，总公司的一位同事告诉她，他们有可能要开始放两周的无薪假了。这位同事还提醒她，别只会埋头干活，也要学会适当“邀功”，提高自己的能见度。

于是，她尝试着作一些改变，比如，每周开例会时，也主动发言，以前她在人多场合说话都容易脸红，后来次数多了这毛病也改过来了。

一次，经理要来旁听分公司的策划会，安娜便提前作了精心准备，结果她的提案顺利通过。这次，终于让经理记住了自己。安娜还决定，光让经理记住自己还不行，还必须要让经理认可自己的工作。

以往，她经常会工作到半夜，也不会让上司知道。但现在，她会在半夜给经理发工作邮件。

可能很多人会很困惑，工作业绩不就说明了一切吗，难道还需要

“自吹自擂”吗？其实，自我表扬并不是一种自吹自擂，更不是办公室政治游戏，而是一种提高能见度的方式。事实上，老板最容易患“近视”。让上司了解到你的努力才是最重要的。案例中的安娜自我表现的方式就是在半夜给上司发邮件，让领导知道自己工作的努力，既然你真的为工作忙碌到深更半夜，告诉老板又有什么不妥呢？这再次让我们体会到埋头苦干再也不是现代职场雷打不动的晋升之道。了解这一点，估计有很多职场人士知道为什么自己“俯首甘为孺子牛”，做足了那100%的功课，却不及那些高曝光度的同事动那60%的脑筋来得讨巧了吧？

当然，怎样表露成绩也考验到我们的口才，选择合适的时机、用巧妙的方法才能让领导接受，具体来说，我们可以这样做：

1.选择合适的时机

对于大多数上司来说，他们都是忙碌的，而且有很多烦心事。当他心情愉悦的时候，你提出建议，尽管并不中听，他也会接收；而假如他遇到了什么不快的事，此时正一肚子火没处发泄，这时候你提建议，即便你的建议很受用，在他听来也十分刺耳，自然会朝你发泄。

2.学会争功

在功劳面前，不要逆来顺受，也不要过分谦让，应大胆地向领导要求自己应该得到的。“丑话说在前头”，在接受任务时谈好报酬更易让领导接受。争利要把握好度，既不争小利，不计较小得失，又不得过分争利。当然，折扣的方法有时也很奏效。

向领导要求利益大有学问，关键要把握好火候和技巧。

第一，执行重大任务以前，争取领导的承诺。

第二，要求利益要把握好“度”，见机行事。

每当做完自认为圆满的工作，要记得向上司、同事报告，别怕人看见你的光亮；当有人来抢夺属于你的功劳时，也要坚决捍卫。

总之，我们应该学会巧妙地将自己的成绩传达给领导。毕竟，当今社会已经是一个信息化时代，光会做事不够，还要说出来，更重要的是要掌握方法，才能得到认可，一味地工作，并不能让上司看到，即使你累得半死，也与升职、加薪无缘！

第 05 章

领导说话注意听，及时反应和执行

听领导说话要及时回馈

倾听是构成有效沟通的必要部分，以求思想达成一致，感情和谐融洽。而在倾听的过程中，回馈则是必要的构成部分，这些反馈包括适当的眼神交流，适时提问等。当然，这些在倾听过程中所作出的回馈应该是及时的，而不是等领导说完了半天，你才给出一个反应，这时领导已经不那么在乎你的回馈，自然而然你的回馈也是没什么价值的，甚至会让领导觉得你根本没认真倾听，从而心中对你产生一种不快之感。对此，作为下属，当你在倾听领导说话的时候，不管你给予什么样的回馈，都需要及时，如若大半天才反应过来，估计领导对你的反馈早已经不感兴趣了。

这天中午，主任饶有兴致地给大家讲了一个笑话，平日里这位主任不善言谈，正因为如此，可能在进行语言表达时缺少灵活性和形象性，等他把笑话讲完了，下属却还是在那里面面相觑，似乎没听懂笑话的实质。顿时，那位主任有些讪讪地笑了，脸色有些尴尬。

过了一会儿，有位下属突然明白过来，哈哈大笑了起来，一边笑着一边说：“主任，你讲的笑话确实有点冷，我现在才想清楚。”主任回答说：“是吗？”不过他的注意力好像并不在这件事情上，那位下属还想继续说下去，但看见主任的神色，识趣地闭上了嘴巴。

通常情况下，当我们饱含热情地说一件事或谈论一个人的时候，特别希望倾听者能够及时给予回应，从而让我们感觉不是一个人在唱独角戏，比如，你说完了一个笑话，却发现周围的人面面相觑，大半天也不笑，这时作为说话者的自己肯定会觉得百般无趣，即便是最后有的人反应过来了，干笑了两声，你也已经丧失了那种等待的心情，因而他们的反应对于你来说是可有可无的。其实，听领导说话也是一样的道理，下属的反馈一定得及时，所谓过期不候，否则你的反馈将无任何价值。

这天酒会上，王总喝了几杯酒，兴致勃勃地说起了自己当年创业的故事："那时我跟你们一样，刚刚大学毕业，不过，那时候大学生没现在这样多，所以我的优势还是有的。"这时坐在旁边的新来的职员小李回答说："是啊，那时候大学生的身份可金贵多了，哪像现在遍地都是，大学生根本没什么优势可言。"王总端起酒杯喝了一两口，说道："就是，所以我那时候面临的机会也很多，许多大公司都邀请我去上班，但是我都拒绝了，我想自己创业，正好我家里还有一些积蓄，于是，我邀请了几个大学同学，商量了几天，最后做出了一个方案，那时候人很年轻，做任何事情都带着疯狂的痕迹。"新职员小李笑着点点头，表示相当认同。

王总继续说："后来我们几个人南下，怀揣着希望，开始了我们的创业生涯，其实事情发展远远没有想象中那么顺利，跟你们现在一样，把这个社会想象得太美好了，对此，在最初我们也栽过跟头，摔过跤，但我们不服输……"小李时而微笑，时而随着王总所说的内容皱眉，几乎王总每说一句话，小李都会及时回馈信息。相应地，看到小李如此专注听自己说话，王总更是越说越有兴致。

新来的职员小李所给予的及时回馈，表现在王总几乎每说一件事情，他都会及时地给出回应，或是附和领导的观点，或是点头同意，或是微笑，或是皱眉，表示对当时的情况也很焦急。这样及时的反馈，会让说话者感觉到倾听者的认真以及期待，于是，说话者更有兴趣继续说下去，而彼此之间的距离也会越来越近。

在倾听过程中会有反馈效应，也就是向说话者反馈自己的尊重与关注，这会让说话者感到自己和自己的说话在他人心里很重要，这在一定程度上起到了正向强化作用。心理学家通过大量研究发现，每个人都喜欢和尊重自己说话的人沟通。在倾听领导说话的过程中，及时反馈会激励对方继续说下去，对说话者本身有着极大的鼓舞。

观察领导的体态语言，洞悉他的心思

口头语言是我们与人交流的第一语言，具有直观性，但也存在不真实性，因为每个人都会说“不”。除了口头语言外，还存在一种副语言，即体态语言。体态语言隐晦却真实，人常说，一个人撒了谎，他的眼睛会出卖他，就是这个道理。

那么，什么是体态语言呢？体态语言指的是人们在交往过程中通过一定的眼神动作、身体姿势、面部表情等发出的信息，是一种意在不言中的交际手段。

与口头语言不同的是，体态语言具有极大的丰富性。就拿眼睛来说，人们常说，眼睛是心灵的窗户，一个人的内心世界，即使隐藏得再深，也可以透过其眼睛了解一二。比如，当对方与你交流的时候，眼神游离不定，则表示他对你所说的话题不感兴趣；如果他眼睛斜视或者不时地上扬，则表示他对你不屑一顾；如若他睁大了眼睛听你说话，则表示他对你所阐述的话题有极大的兴趣，还有赞同之意。

身处职场，我们更需要了解领导的体态语言，与领导交谈的时候，要善于观察，从体态语言中洞悉领导的真实想法。领导有一定的威严和责任，不可能不顾场合和后果地大发言论，也不一定所言都是其内心真实想法，只要我们留心观察，就能看出对方体态上流露出的一些破绽。

李文攻读完心理学硕士学位以后，被一家心理学机构高薪聘请。缺乏实践经验的他被安排在最底层实习一个月，自然，这也在情理之中。

有一天下午4点左右，他遇到一个麻烦的客户，很多问题他解决不了，大家都在忙，他想，去问主管吧，刚好可以交流一下。当他敲门进去的时候，主管正在看一本杂志。李文想，做领导真好，这么悠闲。于是，李文想把事情和领导说清楚。可是此时李文注意到了领导的一个动作——双手合拢，从上往下压。根据李文的经验，领导一定是遇到了什么事情。再一看，领导办公桌上有一封信，并不是公司的信件。李文明白了，估计刚刚主管看杂志也是想让自己镇定下来。于是，为了不打扰主管，李文找了个理由离开了办公室。

果然，第二天，有同事说，主管在美国的老父突然病逝，昨天寄来的信，李文庆幸昨天没有在办公室长待，不然只会给主管留下坏印象。从美国回来后的主管，虽说心情还是很悲伤，但是他找来了李文，感谢他那天给了他独处的时间。两人后来成为了好朋友。

毕竟是学心理学的，从领导的几个小动作中，李文就看出了上司有心事急需平静，便不再打扰，事后领导感觉到了李文的善解人意，关系自然会拉近一步。

事实上，每个人的内心世界并不一定是靠语言来表达的，领导更是如此。他们往往不会表达太多，简短的语言有时候让我们摸不透他们到底在想什么，这时候，我们就可以通过很多的体态语言洞悉领导的内心世界。

比如，双手叉腰，这是一种很典型的具有强烈支配意识的表现，这类领导一般比较强势，喜欢命令别人，与人交往的时候，也希望自己可以处于主动、支配地位；当领导在与下属交谈的时候，喜欢下意识地将身体挪向后面，后背靠着椅子坐着，这表明你的领导有点自负；如果你在侃侃而谈阐述自己观点的时候，你的领导默不作声，然后将两手食指并在一起，其余手指交叉在一起，与两个食指形成了一个锥体，这表明在你开始讲话前，领导就已作好了拒绝你的准备……

不过总结起来，领导的体态语言是有一定规律可循的。了解这一点，不仅有助于理解领导的意图，而且能够使自己的表达方式更加丰富。

在人际交往中，常见的体态语言主要有情态语言、身势语言和空间语言。

1.情态语言

情态语言是由人的面部发出的，指人的各种面部表情及动作。

人面目的各种器官，如眼睛、嘴巴、眉毛等，都能传达出丰富的信息，同时，人的脸也是一张晴雨表，任何一个表情都是一种内心世界的反映。

2.身势语言

身势语言是由人身体的各个部位发出的动作，不同的部位，发出的是不一样的信号。

3.空间语言

空间语言囊括了一定空间范围内的各种信息。

社会交往中，人与人之间一般都有一定的距离间隔，这是社会场合中人与人身体之间所保持的距离间隔。从表面上看，这种空间语言是无声的，但是它对人际交往有着潜在的影响和作用，有时甚至决定着人际交往的成败。

保守秘密，让领导感到你值得信任

身处职场的人恐怕都知道，口风紧、不四处散发小道消息、不惹是生非的人能明哲保身，而能掌握领导秘密并能守口如瓶的人，恐怕就是领导的心腹了。

领导把秘密透露给我们，必然认为我们值得信任，而我们就不能辜负这种信任。当然，难免会有好事分子主动询问领导的隐私等，最好的方法就是“不听、不问、不参与”，保持微笑、借口忙碌，或者假借接电话拉开距离，都是不着痕迹的暗示。远离是非后，领导自然能了解你的品质，会更加信任你。但就是有这样一些下属，手握领导的秘密，在公共场合，以此秘密邀宠，结果让领导陷入尴尬境地，因此也与领导结下了仇怨。

于是，当领导与我们交谈的时候，不会畅所欲言，害怕自己不小心透露的秘密被泄露出去。因此，为了消除领导的疑虑，我们不妨给领导吃颗定心丸，告诉领导，你会为他保守谈话的秘密。

小杨和小苏同是某市文化部门的科长，文章自然写得不错，也都出过几本书，上级领导也比较重视，可是有件事，让两人的仕途发生了截然不同的变化。

有一次，副部长先找到了小杨，和他商量他自己的那本新书的事情，小杨提出了很多见解，并答应执笔帮忙修改，末了，他突然想起署名的问题，他要求也署上自己的名，虽然自己不求什么名声，但这样才公平。领导一听小杨的要求，就没再让小杨管这事，小杨百思不得其解。

副部长又找到小苏。小苏深谙官场沟通的密码，谈及这个问题的时候，他就声明："领导，您放心，这本书我会按照您的思路，根据您的谈话记录整理出来。我知道您工作忙，我整理好了给您审阅！"副部长一听，还是小苏知道轻重。

果然，后来，小苏升到了处长的职位，而小杨还不明白个中缘由。

小杨和小苏在仕途有不同的命运，主要还是他们在跟领导交流的时候，采取了不同的回应方式。小杨做事不懂得变通，要求署名，领导爱面子，自然不乐意。而小苏却很聪明，知道领导心中的忧虑，主动表明自己的立场，领导自然放心，不用担忧其他人知道自己非原作者。可见，真正的知己不是帮助领导做事、投其所好、弄虚作假，知己更多是建立在精神层面的共鸣。

一个精明的英国人曾经说过："一个人在世界上可以有许多事业，只要他愿意让别人替他受赏。"为了获得领导的信任，你有时候不妨牺牲一下自己，把原本属于自己的荣誉让给领导并为之保守秘密。你会发现，这对于搞好你与领导之间的关系十分有帮助。

从案例中，我们可以明白，和上司交流，首先就是要让上司信任你，才能畅所欲言，交流过程才更有效果，那么我们该怎样做呢？

1.在交流前打消领导的疑虑

其实，不仅是上司和下属之间的交流，人与人之间的交流皆是如此，谁都希望与自己说话的人值得信任，不会向他人透露说话的内容，这样交谈起来才不会瞻前顾后。

作为下属，我们要做的就是在交谈开始前就让领导信任我们，我们可以告诉领导，"您放心，我保证今天的谈话不会再有第三个人知道""我知道事情的重要性，会严守秘密"等。这样，领导也就可以放心打开话匣子了。

2.说话沉稳，不紧不慢

一个人说话的态度也能反映他的品质和性格等，说话不着边际的人一般不值得信任。我们在与领导交谈的时候要多听，然后沉稳问答，这样能很快提高我们在领导心中的信任度。

3.认真倾听

听得认真，更能表明你重视的态度，当然，认真地倾听，并不是目不转睛、纹丝不动地听领导说话，而是应该适当提问和给予反馈，这样才能证明你听进去了，同时，提问和反馈也能活跃交谈的气氛。

听出领导话外音中暗藏的玄机

中华文化博大精深，语言文字更是意蕴深长，无论是日常工作还是生活中，有时人们所表达出的语言并不是其内心的真实所想，但是细心的人往往能听出弦外之音，这就是人们常说的话外音。人们借话外音进行幽默调侃、讽刺发泄、批评鼓励、摸底打探……而作为日常生活的一部分，职场生活也不能免俗，在与领导的沟通中，这种现象自然也会存在。

有职场调查资料显示，在被问及你经常遭遇哪类人的话外音时，有60%的职场人选择了“同事”选项，而选择经常遭遇“老板话外音”的人也超过三成，达到32.1%，遭遇 “客户话外音”的比例最低，为7.9%。

身处职场，当你在倾听领导说话的时候，如果不能听出领导的话外音，便不能领会领导带有隐含意思的语言，轻则会把领导的鼓励当作批评，把领导的嘲讽当作“补药”；重则会把错的事认为是对的，对的事反认为是错误的，从而直接影响你对事物或人的判断。

职场话外音很多，但领导的话外音一定要仔细听。一般情况下，领导高高在上，与下属接触的机会不多，很多下属就以为领导高深莫测，其实，正因为领导是领导，他们说话往往离不开工作，比如，加薪、升降职、成绩考核或者裁员、招新等，从这些方面倾听领导的话外音，会更容易把握主题。

可以说又不明说，暗藏潜台词，这是领导说话的常见方式，也正表明了一个领导的说话水平，当然，话外音并不一定是恶意的。做个有心人，懂得察言观色可能会事半功倍。这就要求我们在与领导沟通的时候，认真倾听，把握领导话语间一词一句的真实含义，这才让“话外音”有迹可循。

比如，我们可以总结一下，当领导说你“善于社交”时，意味着他知道你“能喝”；当他说你“进取向上”时，可能意味着你“常请大家吃饭”；说你“观察能力强”时，可能意味着你“经常打小报告”……这些话外音，有些是忠告，有些是调侃，有些是寻求帮忙等，而这都需要我们会听。

想要听出领导的话外音，我们就要做到：

1.善于观察，听语气

领导说话时候的语气，会使其意图暴露无遗，如果是鄙夷的语气，那么，很可能是领导看不起你；如果说话中肯，则是肯定你；如果带有疑问的语气，可能是在征求你的意见……把握这些，便能更好地把握话外音。

2.镇定自若，始终保持良好的态度

其实，不管领导对你说了什么，你都需要镇定自若，因为很多时候，领导只是试探你，以此来考查你的心理素质和文化素质以及综合素养等，这一点，往往领导在考核一个员工时会出现。而你良好的态度无疑会让领导肯定你。

3.总结经验

一位有经验的职场人士，会把每一次听出的话外音总结起来，长此以往，听得懂领导的话外音将成为一种本能与习惯。有句话说得好，“吃一堑，长一智”，身处职场，多留个心眼儿总是好的，我们可能做不到每次都能听懂领导的言外之意，但我们要善于总结和分析。当然，这并不是要我们去猜忌，因为话外音也并非都是恶意的，细心的领导者和职场前辈会利用话外音达到指导却又不伤害对方的完美的效果。另外，话外音也并非只是语言上的，一个眼神、一个表情都可以达到传神达意的效果。

总之，听职场话外音，是对自己职场情商高低的一次小测试，具备这一本领，会让我们在职场中游刃有余。

第 06 章

跟领导说话有玄机，谨慎低调没问题

既要埋头苦干，又要推销自己

许多人可以说是勤奋工作的典范，在职场中，他们总会恪守“脚踏实地”的原则，做任何事情都是循序渐进。他们明白，如果要想获得成功，就必须从一件小事做起，哪怕是一件微不足道的小事。他们只专注于现在所拥有的工作。性格内向的人更愿意通过慢慢添加一砖一瓦，踏踏实实地坚守自己的位置，最后打造出属于自己的一片天地。不过，正因为他们专注于勤奋地工作，而丧失了许多展示自己的机会。其实，在现实职场中，不仅要勤奋工作，更需要懂得展现自己，即如汇报工作。

孙女士在一家公司上班，工作认真，人也很聪明。她在同一个工作岗位上做了好几年了，虽然薪水优厚，上司与同事都很喜欢她，但她并没有因此而平步青云。

孙女士工作那么优秀，也很受上司和同事们的喜欢，但是为什么她的职位一直未变呢？那是因为她局限在自己的表现方法上，不善于表现自己，特别是不善于向上司汇报工作。孙女士的能力是很优秀，可能上司也欣赏她，但是上司更欣赏的是敢于向自己邀功的员工。

小万是才到公司的新员工，刚刚大学毕业，正是“初生牛犊不怕虎”的年纪。有一次，在公司例行大会上，董事长表示自己手上有一个重要的企划案，希望在座的哪位拿去策划一下。同事们都面面相觑，你看我，我看你，面有难色，都不敢接这个“烫手山芋”。

小万刚开始觉得自己是新人，不敢抢同事的功。可是，在等了几分钟，还是没有人去接企划案的时候，性子急的小万坐不住了，腾地站起来说：“我想试试。”董事长看见有人能站起来接这个任务，也露出微笑，但看见是一个才来的新员工，又是个女孩，又显得很不放心：“你能行吗？”这可激起了小万的好胜心：“一定行，给我一周的时间，我会把它做好的。”

于是，在下一周的公司例行大会上。董事长拿着一份企划案，赞许地看着小万：“你是最棒的！希望你继续努力，公司需要你这样的人才。”立即，会场响起阵阵掌声。

就是因为小万大胆地站起来，表达自己的想法，最终用实际行动来证明了自己的能力，而赢得了全公司的认同。

如果小万在会场上一直沉默，那么她的能力就不会在这个机会得到展示。正是她大胆说出自己的想法，让老板对她赞赏有加。如今的社会，人才济济，如果你不适时地把握机会，说出自己真实的想法，展现自己的能力，那么你就会永远地埋没自己。俗话说：“酒香也怕巷子深。”说的就是这个道理，如果你是一个各方面条件都优秀的人，更要大胆表现出来。

那么作为一名职场人士，我们要如何表现自己呢？

1.认真勤奋地工作

在日常工作中，除了各司其职之外，内向者更需要认真做事，体现自己作为一个工作人的职责与精神。当一个教师按照教学大纲的要求备好课上好课，这是一种职责，但如果教师在传道授业解惑的同时还可以顾及到学生的体验，争取用最佳的办法、最好的形式以及最合理的时间把知识传授给学生，那就不是简单地完成任务，而是认真做事了。

2.大胆表现自己

如果你足够优秀，就要勇敢地表现出来，并不是说对方了解你的优秀，就会重视你。想要得到领导的重视，就要敢于表现出来，哪怕是向其表功。表功并不是骄傲的体现，恰恰是你能力的表现，如果你真的是有功之臣，得到理应得到的重视，也是无可厚非的。

对于我们而言，在职场不仅要努力工作，脚踏实地，而且需要展示自己优秀的一面。现代社会是“酒香还怕巷子深”，如果你只是埋头工作，不被人记住，那是可悲的。或许，你自以为已经很努力了，但事实上这对于你本人的晋升是很有阻碍的。

面对上司批评，勇敢承担才是上策

现代职场，生存压力越来越大，同事之间的竞争越来越激烈。大多数情况下，职员的分工是非常明确的，职责界定也很清晰。不过，在偶尔需要合作共同完成某项任务时，同事之间就必须发挥团结协作的精神，与整个团队的成员共甘共苦，同荣辱，共进退。如果工作完成得圆满还好，团队成员一起庆祝即可。如果工作出现明显失误，就会导致扯皮现象的发生。因为每个人都很珍惜工作的机会，也非常想获得长远的发展，所以会在责任面前互相推诿，彼此诋毁。殊不知，这样的情况恰恰是领导者最不愿意看到的。

现代职场，没有任何人能够摆脱对他人的依赖，成为孤胆英雄。大多数工作，都是环环相扣，彼此衔接的。如此，如果不能做到勇敢地承担责任，即便在一次任务失败时，把自己的责任撇清，也终究会给领导留下不好的印象，导致职业生涯发展受阻。明智的职场人士，在上司追究责任时，尤其是追究整个团队的责任时，如果职责划分得不够明确，一定会主动承担起责任。要知道，领导并不会因为一位职员出现错误而辞退他，相反，却会因为其一味在责任面前畏缩，或者背叛其他同事，而对其留下恶劣的印象。

最近，李强和其他几位同期进入公司的新员工，一起承担了一个项目。对此，他们都很兴奋，因为这是展示他们工作能力的大好机会。为此，他们每天晚上都主动加班，就是为了尽善尽美地完成任务。然而，在呕心沥血半个多月之后，当他们把最终的策划案交上去之后，第二天就得到了一个噩耗般的消息。原来，领导认为他们的策划案虽然有创意，但是在动画效果方面存在很大的失误。为此，领导很生气地说："你们虽然前面做足了准备工作，却因为动画效果出现失误，导致前功尽弃。如果把这样的策划案交给客户，作为外行人的他们根本不会认可你们在前期的努力，而只会看到最终的动画效果不尽如人意。这个环节是谁负责的？必须给我一个书面的检讨。"

被领导批评之后，李强和其他几位同事都犹如霜打了的茄子。他们很清楚，这是他们在公司的第一次展示机会，如果就此给领导留下不好的印象，也许职业生涯就会受到严重影响。为此，除了李强之外，几个同事都争先恐后地找领导辩解。李强呢，他经过仔细查找，终于发现了问题。原来，是他们的一个数据出错，导致一连串的数据都出现了错误。为此，李强写了一份深刻的检讨，主动承担了责任。这次事件，让领导对李强刮目相看。最终，在试用期结束后，其他几个新员工都被领导以缺乏责任心为由辞退，只有李强，反而得到了领导的提拔，成为了项目负责人。

在这个事件中，和其他几个忙于推脱责任的同事相比，只有李强首先想到的是找出问题所在，完善策划方案。并且，在并非由他负责整理的原始数据出错的情况下，他还主动承担责任。这样使领导非常赏识他，也敢于把项目交给年轻的他负责。

塞翁失马，焉知非福。对于李强来说，这次项目的失败，恰恰是他展示自己勇气和责任心的机会。领导很清楚，一个团队中，必须有一个人敢于站出来，带领其他团队成员走出困境。职场人士一定要从这个案例中吸取教训，对于领导而言，他们通常不会因为一名职员犯错，就放弃这名职员。就像是老师给学生指出错误，其实是期望学生取得更大的进步一样。如果每位职员都能意会领导的苦心，在错误面前勇敢地查明真相，承担责任，再接再厉，那么就会取得长足的发展，拥有更好的职业前景。

为上司出谋划策有窍门

在公司里做事情，上司是你的衣食父母，直接关乎着你的前途和发展。所以对上司要有一定的尊重，要学会把工作做到上司的吩咐之前，把荣耀堆到上司的头上。只有这样才能深得上司的喜欢。尤其是向上司献计献策的时候，更要学会装傻充愣，否则你就表现得比上司聪明，试想哪个上司愿意比自己的员工更愚笨呢？所以，学会给上司出谋划策，讨得上司的欢心，有助于自己的发展。同时要学会把这份功劳归功到上司的头上，让上司觉得是自己想出来的。那么，在给上司出谋划策的时候，要注意哪些问题呢?

1.把决定权留给上司

永远不要忘记了自己的身份，你没有最终的决定权，你的上司才有，不管是你有多么地有才华，你的建议和意见多么地有意义，有见地，能给公司带来多少的利润。如果上司不同意，不采纳，就没有任何的意义和作用。所以，一定要把最终的决定权交给上司，让上司来决定最终采纳还是不采纳。千万不可自作主张，替上司作决定，这样无异于把上司当作摆设，衬托出上司的无能和木讷。有哪个上司愿意承认自己是个笨蛋，是个无能的人呢？所以，在提出自己建议的同时，也要考虑上司的感受。

2.不要和上司争辩

即使你的建议再好，如果上司不采纳，也就没有了实际的意义。有些人在建议不被采纳的时候，就会忘记自己的身份，去质问上司为什么不采纳。上司考虑得毕竟全面一些，采纳自有采纳的道理，不采纳自然有不采纳的原因。你的上司没有必要什么事情都向你解释。这也不是你所能了解的。更何况，你作为下级去质问你的上司，不但不会使上司采纳，还会触怒上司，给自己带来不必要的麻烦。或许上司不采纳只是觉得面子上下不去，或者是故意卖个关子。这时候你的质问，无疑决定了你的建议不被采纳。即使是再好也不会被采纳。所以，无论什么情况，都不要和上司发生争执。

3.适当地装傻充愣

你作为下级，给你的上司出主意，本身就是费力不讨好的事情，如果成功了将会获得上司的重用，可以说是平步青云。但是在出主意的时候，一定要学会装傻充愣，把你的建议和意见告诉上司，而且要让上司觉得是他想出来的，是他的主意。所以，适当地装傻充愣，让上司觉得自己比你聪明。上司心里舒服了，你的建议自然就被采用了。同时也让上司觉得他有这个资格管理你，领导你。

摆正自己的位置，不要与上司争辩

“不要争辩”被写入了许多权威的行为准则中。任何明智的上司都欢迎不同的意见，但是，他们反对将时间无谓地花在争辩上。当然，“不要争辩”并不是说下属需要无条件地接受上司的观点，而是强调下属不要对上司产生对立情绪，尽量以温和的方式来提出自己的意见。当然，如果有机会当面提出不同的意见，我们所需要记住的是千万不要“拍案而起”，除非你不想在这个公司继续工作，即使你怀着这样的想法，也应该警惕自己的行为，因为任何一个上司都不会喜欢总是与自己争辩的下属。作为下属，我们应该摆正自己的位置，不要与上司发生争执。

上司对一个与自己争辩的下属是相当反感的，毕竟并不是每一个上司都能做到唐太宗那样的虚怀若谷，作为下属，我们应该时刻牢记自己所处的位置。如果真的需要提出不同的意见，我们也应该选择恰当的时机，以幽默的方式提出来，懂得维护上司的自尊心，诙谐而富于策略地提出反对意见，这样，上司才会乐于接受。

1.清楚地说明问题

许多争辩的发生是由于上司与下属的沟通不良造成的，因为双方都不了解对方到底在想什么。如果彼此都能将问题摊开了说，那么，争辩也就会随之消失了。作为下属，我们应该首先清楚地阐述自己的观点，以便上司能够准确地理解。或者，将自己的观点写在纸条上，请上司考虑，这样有助于冷静地说明问题，而且，很容易达到自己的目的。

2.站在对方的立场考虑问题

想要上司了解你的想法，相应地，你也应该了解上司工作的苦衷，这样对于双方都是有帮助的。在意见出现分歧的时候，假如你能设身处地地为上司着想，那么，上司自然会理解你的想法与建议，从而接受你的观点。

3.对事不对人

在向上司说明问题的时候，需要注意就事论事，不要借此机会把你对上司的不满发泄出来，这样会让上司觉得你这个人太偏激，很有可能会引发一场激烈的争执。或许之后你便需要另谋高就了。

4.心平气和的态度

心理学家说："在沟通交流中，如果你来势凶猛、大吵大闹的话，也会惹得对方勃然大怒。"因此，我们在与上司交流的过程中，一定要心平气和，尽量使用委婉平和的语调。

学会赞美上司，为自己的前程铺路

每个人都想在办公室出人头地，赢得上司的青睐，为自己的职业生涯奠定基础。或许，为了达到这个目的，我们可以采取许多种方法：赞美上司、赞成上司的意见、帮助上司做事等，但是，其中只有赞美是最有效的方式。赞美，它是成为一个受欢迎的人的必备手段，是建立良好人际关系的基石，更是事业成功的良性催化剂。职场中，许多人忽视了上司的优点及长处，有的人认为上司高高在上，不用去刻意地赞美其优点，这样难免有“拍马屁”之嫌。的确，赞美毕竟只是一种手段，我们还需要为其限定范围、尺度，只有恰到好处的赞美才能赢得上司的青睐。

卡耐基曾说：“当我们想改变别人时，为什么不用赞美来代替责备呢？纵然他人只有一点点进步，我们也应该赞美他。因为，那才能激励别人不断地改进自己。”赞美，满足了一个人的心理需求，生活中是不能缺少赞美之词的。学会赞美上司，这样，我们才能与之建立和谐友好的关系，并为自己的职场生涯铺好路。

有人一听说“赞美上司”，就自然而然地就想到了“拍马屁”，事实上，真诚的赞美与拍马屁是有区别的，只要你是发自内心地赞美，有理有据，明智的上司自会分辨出来。

领导面前说话要细致有条理

现实工作中，越来越多的领导变得谨慎睿智，这表示我们与领导的沟通也变得越来越难了。通常谨慎的领导工作一丝不苟，对工作严格要求，比如。他们会自己记载详细的工作报告，或者对工作中的事情亲力亲为。而且，最为关键的是，谨慎类型的领导会将自己的这种“谨慎”作为对下属的要求，相比较工作马虎的下属，他更欣赏那些工作认真、踏实的下属。因此，下属在工作中就需要培养自己这样的工作风格，将领导布置下来的工作做得越仔细越好。

部门的张经理是一位谨慎的领导者，在平日的工作中，他说话细致而有条理，做起事来一丝不苟。对一件工作的执行，他会亲自督察每一个细节部分，包括视察、监工等，并不时提出一些建设性的想法。当然，他希望自己的下属工作也与自己一样，尤其是说话方式，他更欣赏那些说话细致而有条理的下属。

在部门里有个职员叫小王，他观察张经理很久了，在他看来，若想受到张经理的赏识，那肯定要培养与之一样的说话方式，也就是细致而有条理的说话方式。小王暗暗训练了很久，终于等来了施展能力的机会。

这天张经理把小王叫来，吩咐道："小王，你现在到集市上去看一下，看看今天早上有卖土豆的吗？"小王很快就从集市上回来了，他一口气向张经理汇报说："今天集市上只有一个农民在卖土豆，一共40袋，价格是两毛五分钱一斤，我看了一下，这些土豆的质量不错，价格也便宜，于是随便带回来一个给您看看。"

小王边说边从提包里拿出土豆："我想这么便宜的土豆一定可以赚钱，根据我们以往的销量，40袋土豆在一个星期左右就可以全部卖掉。而且，咱们全部买下还可以再适当优惠。所以，我把那个农民也带来了，他现在正在外面等您回话呢……"张经理听了，微笑着点点头，赞许地向小王伸出了大拇指。

在这个案例中，小王的叙述细致而有条理，虽然经理只吩咐了小王一件事情，但聪明的小王有条不紊地将经理所想要知道的情况全部调查清楚了，并在第一时间报告给经理。在最后，他不仅带来了土豆的样品，而且带来了那位销售土豆的农民。如此谨慎的工作态度，以及细致而有条理的说话方式，也难怪张经理会赞许地点点头，并向小王伸出了大拇指。

除此之外，在与谨慎类型领导的沟通中，也需要注意说话的方式，说话不能大大咧咧，或是一团混乱，毫无逻辑，而是需要细致而又有条理。细致而有条理的说话方式才是谨慎类型领导所欣赏、所认可的，这样的说话方式也恰好符合领导的心气。如果下属以这样的方式说话，那领导会由此判断你是一位工作认真谨慎的员工，以他的性格，他定会对你产生好感的。

在工作中，谨慎类型的领导做事很严谨，容不得半点差错，即便是一个细节，也会有很严格的要求，如果下属因马虎大意而忽略了细节方面的问题，那肯定会换来领导的一顿训斥。这类领导对工作要求是如此严格，那在与下属沟通中也会有一样的要求。谨慎类型的领导不欣赏说话毫无逻辑的下属，也不欣赏说话粗心的下属。在他们看来，说话与工作一样，都需要细致严谨，否则就会觉得你这个人不靠谱。

实际上，谨慎类型领导的想法是正确的，一个人的说话方式往往会透露其工作的作风与习惯，一个说话粗枝大叶的人，他在工作中也会一样犯粗心的错误。相反，一个说话细致而谨慎的人，他在工作中会更细致、更谨慎。作为下属，我们可以有效与领导进行愉快沟通的方式只有一个，那就是努力培养可以迎合领导个性的特征，以此来获得领导的青睐。如果遇到的是一个谨慎的领导，那你就要培养细致而谨慎的说话方式，这样你才能受到领导的赏识与认可。

第 07 章

成功的领导者，必须会说受人欢迎的话

不说空话，当众出言符合事实

现在很多领导讲话，一开口就是满口的原则性很强的话，并且套话、官话、空话连篇，事事可用，人人可讲，于是就成了“万能膏”，又怎么会受到听者的欢迎呢？有的领导可能觉得说空话省心省力，而且不会出错，于是他们逢会就说套话，逢场必是废话连连。这样的套话空话，听者不喜欢，虽然他们不能控制你的嘴，但是他们可以控制自己的耳朵，可以选择不听。

一个领导代表的不仅是你自己，更是代表了你所在的团队或群体的高层权威。所以，领导在公共场合说话，应该追求实事求是，而不是说一些不靠谱的话，否则会让自己的说话有失水准，不但使下面的听众感到厌烦，也会使你自身的威信和形象大受损失。

领导说话实事求是，说容易也容易，说难也难。说它容易，是因为客观事物摆在这里，你只要不是有意歪曲它，照实去说，应该不难。但是很多领导由于自身的主观原因，常常在说话的时候故意歪曲事实，乱说一气，而不把客观存在的事实说出来，最终的结果就会显得说出的话不靠谱。于是说者滔滔不绝，费尽口舌；听者恹恹，苦不堪言。

那么领导在实际说话中，如何才能避免说空话呢？

1.准确运用知识

有时候，由于相似的词语、类似的典故，就会在说话中“信手拈来”时发生误差。领导应该准确掌握自己所储备的知识，不要张冠李戴、南辕北辙，在什么样的场合、面对什么样的对象、针对什么问题、该用什么样的知识来讲，都要准确运用。不能信手拈来，不符合实际、有悖常理的讲话只会贻笑大方。

2.准确运用语言

说话往往是靠听者的听觉接受的，所以，要让听者听清楚、听明白，语言就要恰当、通俗易懂。领导不要自以为是地追求一些华丽的辞藻，说一些生僻怪异、晦涩难懂的词语和术语。

领导说话要语言表达清楚，不要模棱两可，你说起来朗朗上口，听起来也要悦耳动听，千万不要用那些拗口、听起来别扭的语言。另外，就是尽量使用短句子，有的句子太长了，就会让人听不清，容易产生误解。

3.准确阐述问题

许多领导的惯用说话就是：对下级讲话，“我强调几点”；对同级讲话，“我补充几点”；对领导讲话，“我体会几点”。结果，他在那里废话了半天，也没有准确说出问题所在，而是给许多的领导戴了恭维的高帽子，这些“高帽子”也并不是他发自内心的“肺腑之言”，往往是“套用公式”。所以，没有人会被这些话打动。

拿到激励这把钥匙，让下属跑起来

每个人都渴望鼓励与赞扬，哪怕只是一句简单的赞美之言，都会给人带来无比的暖和振奋。某企业家说过：“人都是活在掌声中的，当部属被上司肯定、受到奖赏的时候，他才会更加卖力地工作。”换句话说，巧妙的鼓励与赞扬，可以激发出下属无限的潜能，鼓励与赞美合乎人性的领导法则，得体的赞扬，会使人感到开心、快乐，这时候，下属会发出这样的心声：“他很清楚地赞扬我的表现，我就知道他是真挚地关心我，尊重我，并且熟悉我的工作内容。”同时，领导者会得到意想不到的回报，那就是当人们感到自己的表现受到肯定和重视的时候，他们会以感恩之心表现得越来越出色，越来越精彩。

工作成绩被肯定，是下属的价值得到了最期望的肯定，当他们得到赞扬和鼓励之后，会本能地焕发出更多的光和热，而作为领导者，我们为什么不学会慷慨一些呢？尝试着去寻找下属身上值得自己赞扬和肯定的东西，鼓励对方，并真诚地告诉他。领导最基本也是最关键的工作是管理，而管理的本质是激励，而这恰恰是赞扬和鼓励才能达到效果，激励既是行为的钥匙，又是行为的按钮，按动什么样的键钮，就会产生什么样的行为。领导要想“下属能够跑起来”，就需要激发出他们的全部潜能，拿到激励那把钥匙。海尔企业的用人理念是“人才是激励出来的”，而海尔企业也认为激励是提高员工素质最有效的手段。

美国历史上第一个年薪过百万美元的管理人员叫史考伯，他是美国钢铁公司的总经理。记者曾问他：“你的老板为什么愿意一年付你超过100万美元的薪金，你到底有什么本事？”史考伯回答：“我对钢铁懂得并不多，我的最大本事是我能使员工鼓舞起来。而鼓舞员工的最好方法，就是表现真诚的赞赏和鼓励。”把话说白了，就是史考伯年薪过百万美元是因为他善于赞美他人。每一个人都渴望自己受到别人的赞美，希望自己的价值得到认可，这主要是源于其自尊心和虚荣心。

赞扬与鼓励，不仅满足了下属的心理需求，而且能够增强下属的自信心，激发出下属的无限潜能，促使下属不断地取得进步。

生活中是不能缺少赞扬之词的，有了赞美才有了愉悦的心情，才能与他人建立和谐友好的人际关系。作为领导者，我们不仅要学会赞扬，而且更需要不吝于赞扬，每位下属都有他的闪光点，当我们发现了下属的优点的时候，就要大方开口赞扬，不能吝于赞扬。

指令明确，让下属清晰目标

无论是机关单位还是企业单位，任何一个领导干部，在工作中都免不了要下达指令。指令是领导透过各种方式，如强制、暗示、请托等，将工作计划中的各种任务交给部属分头执行以达成组织目标的一种管理方式，因此命令是一种使计划能付诸行动的必要方式，而且是每一位领导责无旁贷的义务。领导需要对每一个人提出清楚明确的行动要求，才不至于有拖延怠惰或是诿过的情况，执行效率也才得以提升。

三个月前，萧晨通过考试进了现在这家公司，但他在新单位很不适应，他向一位老同事抱怨，说一份报告写了三次，还不知道合不合老板的意。言下之意显现出无尽的挫折，他说：“刚进公司，要学的事已经够多了，时间都不够用，偏偏报告要一遍遍地改，每一次讲的都不一样，都不知道要怎么写才好。”

“老板是怎么说的？”同事问。萧晨说，第一次老板告诉他，“把每天的业务电话记下来”。所以他就记下所有的电话和内容，结果老板说，“不需要这么详细，浪费时间，只要记下有成交结果的电话就好了”。所以他就记录下成交的结果，后来老板又说，“这样太简单了，你不能只写结果，还要把互动的内容记录下来”。

案例中的老板和员工可以说是在彼此乱弹琴，一个说不清楚，一个听不清楚，时间就浪费了，再加上情绪的波动，或许会增加更多的负面效应，所以，明确行动要求，对职场领导而言是非常重要的一个技巧。

试想，这位老板只要在一开始就明确告诉员工，他的报告内容必须包括哪些部分，甚至举个例子给他看，这样员工不就一目了然了吗？也不会因为一份报告来来往往好几次，还产生挫折感。

的确，总是有一些领导人在下达指令时喜欢和下属玩文字猜谜的游戏，话说得稀里糊涂、不明不白，做下属的，也不敢多问，只好去猜领导的真实意图，猜错了不但白白浪费时间，还会制造许多误解，有时甚至影响公司重要的流程。而最终的结果就是，做领导的认为下属办事不力、工作效率低，而做下属的，也只是敢怒而不敢言。

另外，一些领导者喜欢下模糊性的命令，如他们常说“你报告做完就拿来”，这样模糊不清的话，很容易在将来引发争端，最好是在和对方讨论出最合适的时间和进度之后，再作一次要求：“你利用一个礼拜的时间，完成第一个阶段的报告，下礼拜同样的时间，我们再开一次会，讨论你的报告内容，这样的安排你觉得可以吗？”清清楚楚指出时间限制，目标十分明确，这样就可避免许多沟通上自我诠释性的误差。

没有具体内容的命令，使下属无所适从，要么不去做，要么靠自己的想象发挥来做，必然导致最终结果出现偏差。那么，具体来说，领导该如何向下属下达指令呢？

1.指令要完整

完整的命令要有“6W2H”（何事WHAT、何故WHY、何人WHO、何时开始和结束WHEN、何地WHERE、为谁FOR WHOM、如何HOW、成本HOW MUCH）方面的具体内容，这样下属才能明确地知道自己的工作目标是什么。

2.指令要明确

每个人都有一定的讲话偏好，有的人含蓄委婉，有的人啰啰唆唆；有的人直截了当，有的人遮遮掩掩。作为领导，我们下达指令一定要明确，否则就会造成下属理解上的障碍。

比如，一位上司把下属叫过来说：“上周我们的业绩不佳，我们应该有所改进。”

下属说：“我们也在想办法改进，但不知道公司的看法是什么，公司的目的究竟是什么。”

上司回答：“公司的目的，就是希望你们干得更好些，多卖些货出去。”

这里，很显然，这个上司发布的指示，对于下属而言是无效的，因为它太笼统了。其实在沟通中，由于个人偏好而造成的沟通障碍还有很多。官场上的口头禅“原则上……”“我基本上同意……”“还需要研究研究……”等之所以被人厌恶，就在于它们根本无法传达准确信息，不能实现对话者想要达到的目的。可见，讲话是一门艺术，向下属下达指令更需要领导具备良好的口才，只有明确、完整的指令才具备良好的指导作用!

让下属心甘情愿挑大梁，老板表达有妙招

通常情况下，人们都觉得应该是下属讨好老板，其实不然，如果没有下属的鼎力相助，仅凭老板一个人，根本无法完成繁重的工作。从本质上来说，一家企业之所以能够生存，和所有员工的努力之间有着密不可分的联系，甚至可以说绝大程度上取决于员工的努力。所以，那些明智的老板，才会不惜花费重金聘请优秀的员工为自己效犬马之劳。他们求才若渴，抓住一切机会努力说服下属为自己服务。当然，和每个人在人生的道路上不可能一帆风顺一样，一家企业在发展的过程中也总会遭遇重重困境。在这种情况下，仅凭老板的一己之力很难渡过难关，更需要全体职员齐心协力。

从这个角度上来说，老板其实也是需要拉拢员工的，唯有员工忠心耿耿地拥护他们的一切决定，他们才能心安理得地当好自己的老板。然而，老板对于下属的工作也并非那么好做，可以说大多数管理者的主要工作任务就是做好下属的工作。那么，作为老板，我们如何让下属心甘情愿地肩负起艰巨的任务呢？窍门就是，一定要掌握语言的艺术，发挥语言最佳的表达效果。下属在老板的鼓舞下心潮澎湃，热血沸腾，才会更加积极地工作。

辛苦劳作一年之后，公司的任务基本圆满完成，眼看着还有十几天就要过年了，大多数员工都在期盼着回家过年，与家人团聚。此时，老板此前一直跟进的一个大客户，因为着急要一批服装，居然主动找上门来，虽然订单不大，但是要想在春节前完成还是有一定难度的，尤其是在春节前人心涣散的时候。然而，这个客户是老板跟进很久的，如果在客户危难的时候不能及时伸出援手，则将来有了好生意，也一定不会再来找他们。思来想去，老板还是觉得不能放弃这个项目，也想到了鼓舞士气的好办法。

这一天，老板召集所有员工开会，在会议上，老板说了很多感谢的话："今年，非常感谢在座的每一位鼎力相助，所以我们才能圆满完成任务。可以说，公司之所以能够有现在的规模和成就，和每个人的努力是分不开的。因而，今年每个人都可以拿到全额年终奖，公司还订购了一批年货，为大家的年夜饭增添几个大菜。"老板的话音刚落，大家全都热烈地鼓掌。这时，老板趁热打铁地说："新的一年新的开始，正因为大家的努力，打造了我们的优质品牌。如今，我们新年还没过呢，好兆头就已经来了。此前我一直联系的一个大公司，主动找上门来想和我们签订协议，但是要求我们在春节前交货，订单是2万件衣服。我当然也知道大家累了一年了，所以很犹豫，如果接下这个订单，大家很有可能要加班到年根。不过，这个客户是个大客户，未来的一年里肯定还会有百万订单。我尊重大家的意见，由大家说了算。"这时，刚刚得到全额年终奖奖励的员工们似乎看到了明年的年终奖，不由得喊道："接！接！接！"此时老板面露难色："万一不能按时交工，就涉及违约啊！"员工们全都异口同声地说："我们保证按时完成任务！"看到员工们众志成城的劲头，老板也当即表态："好的，我相信大家。我保证，按时保量完成任务后，每个人都有一个大大的红包！"

这个老板首先拥有热情的气质，也非常慷慨大方，知道员工付出了劳动，就应该得到相应的报酬，因而给了员工积极的回报，也得到了员工激情的拥护。而且，他并没有以发年终奖为由胁迫员工一定要加班加点完成工作任务，而是把年终奖和加班赶工的两件事完全分开来，先是承诺每个人都因为一年来的优秀表现得到全额年终奖，此后又以征求意见的方式询问员工们是否接下这个订单。这样一来，员工非常受感动，也意识到在老板心目中他们都是工厂的主人，既然如此，他们又怎么能够辜负老板赋予他们的主人翁身份呢！

其实，当老板足够尊重每一位员工，言谈之间把员工当成是公司的主人来对待，员工们一定会觉得受宠若惊，再加上合适的待遇，员工还有什么理由不好好干呢！需要注意的是，老板在向下属分派任务时，表达一定要清晰准确，这样才能帮助下属正确衡量自己是否有能力承担任务，也才能帮助下属成功建立信心和责任心。当然，对待不同的下属，也要采取不同的表达策略。例如，对待非常年轻的下属，可以将其当成晚辈爱护；对于年长的下属，也可以将其当成长辈，给予很大的尊重；对于盲目自信的下属，要帮助其恢复平静和理智；对于缺乏自信的下属，则应该以鼓励为主……每一个下属都有各自不同的脾气秉性，作为整个公司的大家长，老板必须深入了解每个下属的不同脾气秉性，才能更好地与下属交流沟通，也才能使工作更加顺利地开展。

第08章

对待客户要温柔，言辞恳切服务好

让对方多说，自己甘愿做绿叶

人与人之间的交往中，交谈成了必不可少的一种交流方式，交谈的双方肯定存在谁说谁听的问题。在这时候，绝大多数人会乐于表现自己，认为自己说得越多，对方对自己的信任度就越高。但事实并不是这样，有效的沟通之道是“听别人说，引导别人多说”，这样才是一次成功的交流。要知道，当你想与别人进行交谈的时候，最终的目的是想更清楚、更详细地了解对方的一些信息，而不是尽情地展现自我。你可以回忆一下，当你与他人交谈的时候，别人说话的时间与自己说话的时间各占多大的比例。

如果大部分时间都是你在夸夸其谈，那么这只能说是一次失败的沟通；如果你能作为一个忠实的听众，那么这才是最有效的沟通。总的来说，在交谈的时候，你说得越多，了解得就越少，而让对方多说，你了解得也就越多。所以，为了能获取对方身上更多的信息，就要学会让对方多说，而自己甘愿做一个配角。

这次，王先生代表着公司去外地与合作伙伴洽谈合约，小李作为王先生的助理也一同前往。两人到了目的地，已经是傍晚了，两人找了一家旅馆就住了下来。

第二天，合约洽谈正式开始，王先生微笑着作了自我介绍，然后俏皮地问了一句："素闻贵公司人才济济，我们公司的销售部经理可就是来自贵公司啊，他的能力相当优秀，真不知道你们是怎么培养出来的。"一句话说完，那边公司的负责人不禁有点自豪，开始说起了公司的人才资源，很详细地介绍了各个部门的相关人士以及他们的能力、学历、经验。王先生在一边认真地听着，时而面露微笑，时而低头饮一口茶。等到那位负责人说完了，王先生竖起了大拇指："不错，贵公司真是实力雄厚啊，上个季度的产品销售额已经成为同类产品第一名了，现在我可明白了你们是怎么做到的。"话语中提到了产品，这也让那位负责人心情激动，说到了产品的生产、加工、销售为一体的管理模式。王先生心里暗暗叫好，看来自己不用犹豫了，他赞赏了几句，就直接说到了合约的事情，他说出了本公司所提供的有利条件，公司负责人在看过了合约所写的相关事宜后，当即就签下了合约。

签了合约之后，王先生和小李一起走出来，小李有些不解："短短三十分钟就签下了合约，真快。"王先生笑着说："因为我已经从他的谈话中了解了他们公司的大量信息，那正是我想要的，所以就签下来了。"小李回想当时的情景，从洽谈开始到结束，王先生只说了十句话都不到，却成功地签下了合约。一直到上车，小李也没有想明白这究竟是为什么。

王先生巧妙地提问，让对方多多谈论自己，这时候，对方在谈论自己的时候，总是最高兴的，也是最投入的。当公司负责人觉得很高兴，这样就很容易与王先生形成一种互动，进而签下了合约。这是一种智慧的交谈方式，它促使了一次成功的沟通。在这里，王先生巧妙地用到了提问这一谈话方式，这是一个可以引导对方多说的秘诀。

那么，在与对方交流时，具体我们该怎么做呢？

1.提问对方感兴趣的话题

如果你在交谈中提问用得好，能引起对方注意，诱人思考，把双方之间的谈话内容变得更加吸引人。当然，这样的提问并不是瞎问，而是问那些让对方感兴趣的、引以为豪的事情，你可以将话题巧妙地引入到他辉煌的业绩、成功的经验，也可以是他最关心的问题，或者是他最感兴趣的问题，这些都可以引导对方多说，而你就会从中了解到更多。

2.说得太多反而引起沟通不畅

在日常交际中，许多人抱怨自己人际关系不够好，人际网络也不宽，其实，这很大部分的原因就在于你不懂得如何与别人交流，这很有可能就是你谈论自己太多而让别人说得太少的缘故。如果你一个人说得太多，那么别人说话的时间就太少了，这样你就无法知道什么对他是重要的。赢得他人好感的说话方式是什么？只有自己少说，引导别人多说，投其所好，赢得对方的好感，这样你才能获得有关于对方更多的信息。这样轻松愉快的交流方式才能激发别人与你互动的兴趣，令其与你建立起融洽的关系。

3.在乎对方的感受，从倾听开始

有的人习惯在任何场合夸夸其谈，不在乎别人的感受，这样只懂得表现自己而不顾及别人的感受，只会让别人心里产生一种厌烦情绪，原本与你建立起的关系也开始瓦解，你只是一个人唱着独角戏。所以，尽可能地让对方多说，而自己只需要做一个忠实的倾听者，这样就会成功地完成一次沟通。

“软话”策略平息客户不满情绪

正当可口可乐在向全球扩张市场的时候，突然总部接到了一位女士的投诉电话，女士在电话里气呼呼地说：“在我买的可口可乐里发现了一只别针，我希望你们给我一个合理的解释，否则我将向法院起诉你们。”

于是可口可乐公司成立了调查组，对生产该女士所喝的可口可乐分厂进行了调查，但是一切都非常合格。最后调查组向该女士道歉道：“我们的生产很严格，发生这样的事情确实是个意外，我们一定加强管理，确保这样的事情再也不会发生。我们对我们的疏忽给你带来的意外伤害表示真诚的歉意，为此决定补偿你1万美元的精神损失费，并且真诚地欢迎你到可口可乐总部来参观旅游。”

那位女士见可口可乐公司这么真诚，怒气全消了。

俗话说客户是“上帝”，而上帝有不满和抱怨是在所难免的，即使把产品和服务做得再好，客户也会挑剔。所以，面对客户的不满情绪，千万不要争辩，因为争辩无益于问题的解决，还会激化双方的矛盾，这时候不妨保持微笑，用软话来弱化客户的不满。事实上，客户所需要的产品和服务没有让客户满意，客户之所以情绪激动，只是因为心理上有很大的落差。当然这种落差需要我们的软话才能达到平衡。所以，面对客户的不满情绪，我们要学会说软话。那么，在用说软话的策略来平息客户的怒气时要注意什么问题呢？

1. 要态度明确

说软话并不是认错，所以，没有必要在客户面前卑躬屈膝，觉得有什么对不起对方的地方。事实上，生意场上，彼此之间不满意是在所难免的事情。当客户满腹抱怨的时候，我们需要稳定客户的这种情绪，但是也要坚持一定的原则。不能一味地为了缓和和降低火药味而赔礼道歉。错了就是错了，没错就是没错。如果不是我们的问题，你就是骂大街，以后再也不合作，我也不能给你道歉。这有关公司的尊严和原则问题。所以，在和客户交涉的时候，态度一定要明确，不能因为客户的态度不好而置公司的形象不顾。

2. 要口气缓和

面对客户的不满情绪时，说话的口气一定要缓和，因为客户本身带着很强的情绪，如果说话的口气过于强硬，难免会因此和客户发生争吵，不但不能解决客户的情绪问题，还有可能会增加更多没必要的麻烦。所以，说话的口气一定要缓和一些，不管客户的情绪多么的激动，我们一定要理智，不能被客户的情绪所左右。当我们以动制静的时候，客户就会被我们所感染，情绪会慢慢地稳定下来。但是说软话并不代表着什么软话都要说，口气缓和也不代表着低声下气，切记，服软是以不损害尊严为前提。

3.要面带微笑

面对客户的指责和埋怨的时候，如果你能始终以笑脸相迎，那么即使是脾气再坏的客户也会不好意思再冲你发火。所以，微笑是应对挑衅最好的武器。你不必和对方争辩，即使客户再误会你，你也没有必要急着辩解。你只需要一个微笑，你传递给客户的信息是你很乐意倾听对方的心声。这样一来，就能缓解客户激烈的情绪，从而令其放弃继续抱怨和指责。所以，当你发现你的客户有不满情绪的时候，要给他一个真诚的微笑，这样客户在跟你的沟通中就不会把情绪带到里面。只要客户的不满情绪得到一定程度的遏制，那么问题就变得简单多了。

4.要适当地恭维和赞美

如果客户在牢骚满腹地抱怨你的服务不到位的时候，你突然对他说，“你穿这套衣服真帅气”或者是“你的车很漂亮，在哪里买的，多少价位”等，试想，当客户听到你的这些赞美和恭维，还会抱怨你吗？我想不会了。每个人都喜欢享受别人的赞美和恭维，在因为抱怨带来的气恼和被赞美带来的愉悦之间，谁都会选择被赞美，因为它能给我们带来好心情。所以，在面对客户的不满情绪时，我们要学会及时地恭维和赞美客户，让客户在享受愉悦心情的同时，忘却不满的情绪。客户心情好了，问题自然就解决了。用适当的赞美和恭维来缓解客户的不满情绪是化解客户矛盾的好方法。

诱导对方不断说“是”

我们都知道，说服的过程就是不断劝服对方接受我们的想法和观点的过程，然而，我们发现，很多时候，似乎无论我们如何苦口婆心地劝说，对方总是能找到拒绝的理由，不少人感到束手无策。其实，这是因为我们给了对方拒绝的机会，而最具说服力的劝服技巧无非是让对方自己承认我们的观点，让对方在拒绝之前先说“是”，并且不断说“是”，这样就能有效将对方的拒绝遏制住。

小李是一家电子产品公司的销售员，为了能完成公司电话软件销售的工作，小李前去拜访一家科贸公司的总经理。这家公司“财大气粗”，人脉广泛。在沟通的过程中，科贸公司的经理提出了不同看法。

客户：“到现在为止，所有厂商的报价都太高了。”

销售员：“所有的报价都太高了？真的是这样吗？”

客户：“是的。”

销售员：“不过，我想您应该不会反对我与您进一步展开合作吧？”

客户：“反对倒还不至于。”

销售员：“那么如果我们有机会再次合作，难道您不觉得我们可以帮助您建立更广泛的客户群吗？”

客户：“嗯，很有可能。”

销售员：“您想我们平时买质量优质的手机和传真机，都是为了拥有更好的通话质量，对吗？如果我们的产品通过与您的合作被更多人所使用，那么那些受益者第一个想到的就是贵公司的名字，对吗？”

客户：“嗯，那倒是这么回事。”

销售员：“所以您不反对我们通过和你的合作可以帮助更多人建立起一套更实用的电话系统，是吗？”

客户：“是。”

很明显，小李与客户实现成交的方式就是通过一步步地反问，然后将主题引到销售上来，让客户一直未对产品说一个“不”字。小李这样做的优势是有利于掌握谈话主动权，控制整个销售进程，进而可以让整个销售工作被引到自己所希望的情况上来。

的确，人们对于自己不熟悉的人或事，往往都持有一种排斥的心理。因此，说服他人时，如果直截了当，会显得突兀，让对方难以接受，而如果我们能巧妙铺垫，慢慢给对方“洗脑”，让其不断说“是”，对方会更易于接受。

那么，如何让客户在一开始就说“是”呢？

1.关键时刻强势一点

如果一味认同对方，难免有奉承之嫌，也会显示你的软弱。因此，要想真正说服对方，我们最好能在关键时刻强势一些，这样说服对方也就并不是不可能。但即便强势，也要保持良好的态度，最好先肯定对方的意见。比如，我们可以这样说：

“说句真话，我从事电脑销售好几年，像你这样如此关心本公司产品性能的客户，我见得不多，像你这样了解本公司产品的客户，更是少之又少，而且，您的建议对我们很有用，所以我衷心地谢谢你。正如你所说，我们的产品现在还存在一定的问题，不过现在它的市场销量很好，说明还是有不少益处的。您看，这是我们去年的销售情况一览表……承蒙您这样的客户的关照，我们会更注意改进产品的性能。您买了我们的产品，如果在使用的过程中，有什么问题，欢迎您继续给我们提出来。”这样和客户说，客户一定能接受。

2.不给对方否定的机会

让对方在拒绝之前先说“是”，就能有效将对方的拒绝遏制住，比如，你可以对客户说：“××先生，您应该知道向来我们的产品都比A公司的产品价位低一些吧？”

当然，我们在让对方肯定接受我们的观点和想法时，最好能有十足的把握，不能让对方抓住把柄。

真正口才好的人在说话中绝不会让自己被对方牵着鼻子走，相反，他们把自己当成谈话的主人，一旦确定了自己的目标，就表现出一副势在必得的架势，不达目的绝不罢休！

带点柔情蜜意与客户沟通，打开销售的渠道

在这个世界上，最能打动人的就是“情”，自然，最有效的沟通就是带着感情的话语了。事实上，人心都是肉长的，面对刁钻的客户，不失时机地说一些柔情的话，这样就可以激发对方的同情心，彼此之间在感情上靠近了，就会为谈判的成功奠定基础。在跟客户的沟通过程中，利用话语来博得对方真切的同情，赢得客户的赞同，从而使对方愿意接纳我们的观点和建议。“以情动人”的说话技巧，其目的在于使整个话题重心不偏不倚，使客户获得一种心理上的满足，影响客户的决策，既然客户都被自己的话语打动了，又何愁工作任务不能完成呢？

某公司买下了一块地皮，准备建造一座办公大楼，却遭遇了居民的阻拦，在居民中有一位爱尔兰的老妇人，她首先跳出来与公司作对。在她的带领下，许多人都拒绝搬走，对此，福克兰对工厂领导说：“如果我们建议通过法律途径来解决问题，既费时又费钱。我们更不能采用其他强硬的办法，以硬对硬，驱逐他们，这样我们将会增加更多仇人，即使建成大楼，我们也将不得安宁，这件事还是交给我来处理吧！”

这一天，他来到了老妇人家门前，满脸悲伤，这种行为自然引起了老妇人的注意。良久，她开口发问：“年轻人，有什么伤心事吗？说出

来，我一定能帮助你。”福克兰趁机走上前去，说道：“您在这时无事可做，真是天大的浪费呀！我知道您有很强的领导能力，实在是应该抓紧时间干成一番大事业的。听说这里要建造新大楼，您是不是准备发挥超人才能，做一件连法官、总统都难以做成的事：劝您的邻居们，让他们找一个快乐的地方永久居住下去。这样，大家一定会记得您的好处的呀！”第二天，这个强硬顽固的爱尔兰老妇人带领着全部邻居搬走了。

福克兰以柔情的话语成功地说服了爱尔兰老妇人，因为他的话语触碰到了老妇人心中最柔软的位置。在日常生活中，在与客户的交流过程中，只要我们将真情注入话语之中，就有可能达到自己的目的。“柔情攻略”不失为一种很好的说服客户的方式，当然，话语的柔情需要诚恳而真实，否则，客户就会怀疑你话语的可靠性。

那么我们该怎样实施“柔情攻略”呢？

1.以情动人

充满感情的话语是能够打动人心的，如果你能够有感情地提出自己的诉求，真切动人，客户多少都会因为共情而接受你的想法和建议的。

2.感情投资

王老板是一个注重感情投资的人，他每次看见了客户都会亲自上前为其沏茶，充满感激地说：“太感谢了，你辛苦了，请喝杯茶吧。”正因为平时生活中的感情投资，所以，那些老客户都愿意再次光临，久而久之，王老板的生意也日益红火了起来。

3.适当示弱

俗话说：“客户是上帝。”在与客户沟通的过程中，我们需要以一个弱者的姿态来赢得客户的同情。当然，这里所说的示弱并不是真的示弱，只不过是以话语来博得客户的同情，以达到自己的目的。俗话说：“软刀子更扎人。”这说的就是以话语来赚怜的说话技巧吧。

比起口才，诚恳的态度更能赢取信任和好感

我们都知道，人们之间的交往交流离不开语言，沟通中要想达到预期的目的和结果，很大程度上取决于运用语言的艺术。孔子说：“文质彬彬，然后君子。”说话人人都会，但语言显然有文粗雅俗之分。具备现代文明修养的我们，要想成功说服他人，就要在语言交流中彰显自己的谈吐，表现自己谦和之态度。相反，那些说话夸夸其谈、目中无人者是令人讨厌的，为此，我们可以说，说话的态度比口才更重要。

心理学研究表明：情感引导行动。积极的情感，如谦和、大度等往往能产生理解、接纳、合作的行为效果；而消极的情感，如傲慢、无礼等，则会带来排斥和拒绝。所以，若是你想要人们相信你是对的、接纳你的说服，那么，你就首先要以礼待人，让对方感受到你诚恳谦和的内心。

那么，我们该如何在言语间春风化雨，让对方感受到我们谦逊、诚恳的态度呢？

1.让你的微笑活泼一点

实际上，生活中的每个人，生来都会微笑，但随着年龄的增长，随着生活压力的增加，我们逐渐忘记了这一本能，似乎我们总是能找到让自己愁眉苦脸的理由，尤其在陌生的环境里，微笑最容易被我们忽略。

事实上，你如果能笑一笑，并让你的微笑活泼一点，那么，别人就会被你的真诚和快乐所感染。因此，当你接受过别人的帮助后，你不妨面带微笑地对他说声“谢谢”；清晨，当第一缕阳光照在你身上的时候，不妨对你的爱人说声“早安”；当你的同事升职后，你不妨发自内心地对他说一声“恭喜你”。一旦你的言辞自然而然地渗入真诚的情感，你就拥有了引人注意的能力了。

2.不可傲慢无礼

那些说话夸夸其谈、目中无人者是令人讨厌的，为此，我们要做到态度自然、和蔼。

3. 注意你的声音的分贝

与人交谈时，不要认为高声谈笑就是真实自然的表现，声音分贝过大，不仅会影响到别人，让别人觉得刺耳，还是一种无礼的表现，因此，你说话应轻声轻语，声音大小以对方听清为宜。

4.不要卖弄你的口才

即使遇到意见不合的问题，也不可高声辩论，不要当面指责，更不要冷嘲热讽，甚至恶语伤人，而应语气委婉，各抒己见，尽量说服对方或求同存异。

5.不要顾此失彼

在和多人交谈时，千万不要只关注一个人而冷落了其他人。最好是用一个话题唤起大家的兴趣，让每个人都发表自己的意见。

6.不要打断别人的谈话

别人讲话时，话题突然被打断，会让对方产生不满或怀疑的心理，认为你不识时务，水平低，见识浅；认为你讨厌、反感这类话题；认为你不尊重人，没有修养。

当然，语言谦和也要把握好度的问题，说话只是表达思想，说明事情，没有必要靠语言来博得怜悯或掠取威严。你不必唯恐别人不高兴，极力表现出毕恭毕敬的样子，唯唯诺诺、点头哈腰，堆砌大量客套话，其实这只会被人瞧不起。而盛气凌人、出口伤人，摆出一副傲慢的姿态，会令人敬而远之，或觉得这人不知天高地厚，浅薄至极。正确的方法是不卑不亢、客气大方、讲究实在、有理有节。

总之，劝服他人的过程中，若我们做到以诚待人，真诚地帮助他人，就可以使不认识的人对自己微笑，可以融化他人的疑虑、冷漠、拒绝，换取他人对自己的信任和好感。

第 09 章

谈判中会说话，掌握先机奠定优势

莫先开口，见机行事

俗话说：“商场如战场。”在谈判桌上，为了避免受到对手的攻击，人们总是千方百计地遮掩自己内心真正的想法，而紧闭嘴巴则成为了其掩盖自己心理的有效方法之一。试想，若是什么都不说，对方也就不知道自己在想什么，自然是胜券在握。反之，谁说得比较多，他暴露出来的信息也有可能比较多。因此，为了自己能占据主动位置，最好让对方先开口。更为关键的是，只有让对方先开口，你才能探得一些信息，在接下来的谈话中，你也能句句击中其心理的要害了。

小张是一个推销员，经常是天南海北地跑。有一次，他出差到了杭州，工作任务是与商家洽谈一笔生意。

到了约定的时间，小张来到酒店，双方代表面对面落座。小张注意到对方是一个不苟言笑的人，见到小张来了，他还在低着头看报纸。小张觉得比较闷，就主动向对方打招呼：“最近杭州天气比较热啊？”没想到，那位谈判对手头也不抬，冷漠地回答：“杭州都是这样的天气。”小张并没有放弃交流的欲望，他继续问：“听口音您不是本地人吧？”“噢，山东枣庄人。”对手抬起头来，警觉地看了小张一眼。“啊，枣庄是个好地方！读小学的时候，我就在《铁道游击队》

的连环画上知道了。两年前去了一趟枣庄，还在那边玩了两天呢，很不错，真是个好地方。”听了这话，那位枣庄人精神为之一振，马上站起来放下报纸，先是递烟，又与小张互赠名片。两人越聊越高兴，晚上相约一起进餐。就在当天晚上，双方就谈成了互惠互利的一笔生意。

如果对手不先开口，小张就无法详细地了解对方，自然也就没有办法谈成生意了。在谈判过程中，谁先开口，谁谈论得比较多，谁暴露的信息就比较多。而作为其对手，我们应该从其所谈论的话题中洞悉其心理，这样，在接下来的言语交锋中，我们才能抓准其心理，达到谈判成功的目的。

1.多提问

潜能大师安东尼·罗宾说过：“对成功者与不成功者最主要的判断依据是什么呢？一言以蔽之，那就是成功者善于提出好的问题，从而得到好的答案。”在谈判过程中，善于提问是很有必要的，一个好的提问可以引发一次愉快的沟通，而一次愉快的沟通会让你获得更多的信息。

2.尽量让对手多说话

成功的沟通是尽可能地让对方多说话，当需要别人去赞同自己意见的时候，失败的原因就在于话说得太多了，特别是一些推销员，他们很容易犯这个错误。其实，要想取得良好的谈话效果，你应该让对手多说话，表达出自己的意见，或者说，应该你问他问题，让他来告诉你一些事情，这样你才能搞清楚对手到底在想什么。

几句话奠定良好的谈判氛围

在正式谈判开始之前，双方所进行的就是寒暄、入座，有的人认为这不过是最简单的程序，不就是打个招呼、彼此入座吗？其实这样简单考虑的人往往会吃亏在这点上，谈判尚未开始，那意味着整个谈判的基调都将从这里开始，气氛是缓和，还是紧张，都全靠那几句寒暄的话语。高明的谈判者往往仅凭简单的几句话就能奠定良好的谈判氛围，而那些缺乏好口才的谈判者通常是一两句话就让整个场面变得尴尬。因此在谈判正式开始之时，谈判者要善于说几句好话，积极营造和谐愉快的氛围。我们所说的寒暄，也就是打招呼，这是人与人之间建立语言交流的方法之一。通过彼此的寒暄，会让陌生的人相互认识，让不熟悉的人变得熟悉，让冷冷的气氛变得活跃起来，更为双方进行深入的交谈架设桥梁，达到顺利沟通的目的。

1984年9月，中国与英国关于香港问题的第22轮会谈在钓鱼岛国宾馆开始了。

中方代表周南和英方代表伊文思相遇就闲聊了几句。周南说："现在已经是秋天了，我记得大使先生是春天前来的，那么就经历了三个季节了：春天、夏天、秋天——秋天是收获的季节啊！"

这是中英历史上的一次重大谈判，而在1984年秋天正好达成了协议，可以说这是一个关键的时刻。在案例中，周南那几句话，巧妙地运用了暗示、双关的手法，利用交际的时期特征，也就是秋天的特点及其象征意义——成熟与收获，将我方代表诚恳的态度、殷切的希望、坚定的决定都含蓄地表达了出来，为后面顺利谈判营造了良好的氛围和条件。

那么在实际谈判中，我们该如何通过话语来营造良好的氛围呢？

1. 语言尽量委婉含蓄

不管你要达成什么样的谈判目标，在与对方交谈时都要尽量使用含蓄委婉的语言，以和为贵，力图为后面谈判的顺利进行营造良好的氛围和条件。有的人一见面就直言快语，心中的喜怒情绪暴露无遗，若是在这时说了一些破坏气氛的话，那么肯定会给整个谈判带来极为不利的影响。

2. 态度要诚恳

作为谈判的--方，在正式谈判之初，你需要通过语言表达出内心的诚恳，表示自己很愿意达成最后的协议，希望本次谈判能取得好的成果。只要对方感受到了你态度的诚恳，一般都会以同样的态度对待，这样和谐融洽的氛围就有了。

绵里藏针，打好心理战

语言是人们进行思想情感交流的重要工具，而语言的表达方式则是多种多样的，时而柔和，时而犀利，时而强势。在这其中，舌战是人们语言的激烈形式之一，同时，舌战也是一场智力的较量，这时候我们需要运用犀利的语言，适时说一些硬话。

犀利的语言是指在语言表达的内容中有比较犀利的成分，相应地对语调、语气都有特殊的要求。把犀利的语言隐藏在话语中，通过语言真正击中对方的要害，使其有所顾忌，令其知难而退，最终达到征服对手的目的。

当谈判者遭遇对抗性的谈判，在自己一方占绝对优势，掌握主动权时，或被逼上梁山、准备背水一战时，不妨采用强硬的谈判语言，不过不宜滥用。假如在商务谈判中遭遇强硬的对手，可在语言上针锋相对，据理力争，坚决不示弱，先打消对方的气焰，也可以柔克刚，避免矛盾激化，令对方无法强硬到底，从而改变说话的态度，以便使谈判顺利进行。

对此，我们应该这样做：

1.柔中带硬的语气

为了使整个语言表达彰显出犀利的语风，我们在说话时需要使用柔中带硬的语气。换句话说，我们说话的态度是柔和的，但话语中包含着强硬的成分，这样犀利的语风会令对方刮目相看，比如，“听你这么一说，我确实没有见过你们这样独特的礼貌方式”。

2.巧用“绵里藏针”

我们在说话时需要巧用“绵里藏针”，关键在于你的“针”既要硬，又要扎得准，这样才能击中对方的要害，获得谈判的成功。

3.委婉含蓄的表达

犀利的语风隐藏在字里行间，不需要直接用强硬的话说出来，因而，我们在进行语言表达的时候，需要使用委婉含蓄的表达方式，把话说得很艺术，又能对他人心理造成影响，让对方明白你话里的锋芒所在。

在谈判过程中，我们经常会使用到一些强硬的谈判语言。通常谈判者将商讨看成是一种智慧、意志与口才的较量，不把对手看成合作对象，而是当成“敌人”。在某些特定的谈判场合中，立场越坚定、语气越强硬，压倒对方大获全胜的可能性就越大，机会就越多。

适时抓住对方软肋，令其不得不服

软肋原指胸腔的肋骨，这一部位容易被他人攻击，后来用作形容事物的缺陷、弱点等容易发生问题或遭受破坏的地方，同时，也指一个人的痛处、小辫子、脆弱点等。事实上，每个人都有致命的弱点，有可能是贪图金钱，有可能是刚愎自用，有可能是曾经的痛处。假如我们能够在沟通时用言语适当地触碰对方的这些“软肋”，他就会因为心理防线的瓦解而降服于你。“软肋”是一个很好利用的工具，任何人都不想自己的软肋被击中，一旦最薄弱的地方都击垮了，那他还有什么不能答应的呢？当然，“软肋”这样的地方并不是随便就能触碰，需要拿捏好一个“度”，适当的触碰会令其心理发生变化，相反，稍微过分，对方就有可能会被逼急而“跳墙”。

在人际交往中，我们要善于抓住对方的弱点，即软肋。在某些时候，只要抓住了对方的这些弱点，就会使他们不得不听命于我们的安排。当然，当我们想办法抓住对方软肋的时候，还应该避免对方抓住自己的软肋。

1.用语言巧妙暗示

即使你清楚对方的软肋在哪里，也不要直接说出来，而是通过语言巧妙暗示，否则有可能会激怒对方，比如，“你也知道，如果我把这些照片交给你夫人或者你的上司，后果肯定……”暗示对方你已经抓住了“软肋”，逼其就范。

2.“如果你不……那么后果将会很严重”

既然已经抓住了对方的软肋，就要向对方施加一定的压力，这样才会有效地影响对方心理。换句话说，你应该说清楚如若不答应将产生什么样的后果，比如，“如果你不及时采取行动，到时候我可控制不了事态的蔓延”，施加一定的压力，达到操控其心理的目的。

3.孤注一掷，发出最后警告

有时候，对方希望通过威胁来达到自己的目的，但事实上，他并不能真正地割舍那部分利益。面对对方这样的心理，我们应该将计就计，孤注一掷，发出最后警告，“那我们实在没有办法，看来只好与下面一家公司签约了，今天我有事先告辞了，希望你尽快给我答复”。如此将计就计，他难道还不降服于你吗?

正面说服无效，就从反面来

现代社会，我们要参与职场工作、商业竞争和人际交往，很多时候，我们需要说服对方，为了达到我们的说服目的，我们可能会使出浑身解数，却毫无效果，其实如果我们能主动出击，可能会节省很多精力。古人云“不战而屈人之兵”，这乃战争取胜的最高境界。因此，在言语交谈中，你也可以适度强硬一点，适度说些威胁对方的话，让对方畏惧，当对方乱了方寸后，你再进一步采取措施，便很容易达到说服的目的。

其实，历史上，很多人都知道用威胁的方法可以增强说服力，而且不时地加以运用，我国历史上著名的“唐雎不辱使命”“完璧归赵”等典故便是使用威胁来达到说服目的的。现实生活中，我们也可以使用这一策略来实现成功说服。

刘星是某保健器材的销售人员，他有一名潜在客户杨总。刘星对这个杨总进行了一番了解。原来，杨总是一个很孝顺的儿子，对母亲的健康很在意，而且只要认准了产品就不会在价格上斤斤计较。

在见到杨总并与之进行一番交谈后，刘星向杨总介绍了这种保健器材的一些功能和特点。杨总说他目前没有这方面的需要，如果有需要的话，他一定会与刘星联系的。刘星听出，杨总是在下逐客令。可是刘星并没有放弃，他又说：“听说您的母亲就要过七十大寿了，人生七十古来稀呀，不过以您母亲的身体状况就是再活七十年也没问题呀！”

杨总听了慨叹道：“哎，虽然我母亲保养得一直很好，可是毕竟年龄大了，身体一日不如一日了呀，最近就时常闹些小毛病。”

刘星说：“其实老年人身体状况不好光靠吃药是没用的，关键还是要经常做些有益的活动，这样一来可以增加身体的抵抗力，二来还可以使他们在运动的过程中保持一个良好的心情。”

杨总仍然神色严肃地说：“以前我母亲也出外参加一些活动，可是最近她自己总觉得太累，再说我也怕她到外边活动出现什么问题不好及时处理。这个问题愁坏我了。”

刘星接着说：“我们公司的产品正好可以帮您解决这个难题……”

在说明了使用这种保健器材的一系列好处之后，刘星看到杨总已经有了点购买产品的意思，他想现在应该是趁热打铁的时机了，于是他又说："如果您不能在母亲七十大寿的时候送给她一件有意义的礼物，那她一定会很失望的。而这种保健器材不仅可以让她老人家感受到您的孝心，而且每次看到它时，老人家都会想起自己这个值得纪念的生日的。这种保健器材我们销售部只剩下三台了，如果您现在不买下的话，等到您想买的时候恐怕就要卖完了，到时候只能等公司总部发货过来。如果那样的话，那您一定会感到遗憾的。"

"好吧，我现在就要货，你先把它送到我的办公室，我想等母亲生日那一天给她一个惊喜。"显而易见，杨总已经迫不及待了。

案例中，销售员刘星就是运用提醒的方法直接让对方注意：如果你不购买产品会怎样。他的聪明之处还在于，他做了准备工作，在推销前先对客户进行了一番了解，这样，劝服的时候，成功的概率就大了很多。

可见，在说服过程中，当你有十分把握的时候，不妨威胁一下对方。这一攻心之术经常也被运用到销售中，比如，很多商家开展的"限期促销活动"等，除了可以创造一种热烈的销售气氛之外，所谓的"限期"其实都是要客户注意：超过期限就不能享受如此优惠！而消费者也对商家有意无意传递的这种意义心知肚明，所以很多消费者都会选择在节假日或企业推出的促销活动期间进行疯狂购物，即使需要排队等待也乐此不疲。

"威胁"策略应该与正面说服方法相互结合，否则的话，就会引起对方的不安，从而造成沟通中出现不愉快的局面。因此，我们可以这样威胁对方：

1.正面“提醒”

想让对方接受我们的想法或者达到某种目的，并不一定要反复提醒他“如若不……会怎样”，你可以直接告诉他，“如果你……你会有什么益处”。但前提是，你必须对对方有很深刻的了解，知其所好，这样，才能把“提醒”说到对方的心坎上，同时，要让对方理解我们出发点是善意的，不然只会适得其反，引起对方的怀疑。

2.反面“提醒”

这种提醒的方式，一般是针对对手而言。也就是说，如果我们希望他不去做什么，我们可以利用与之对立的关系，尽量建议他去做。左右思量后，对方势必会中我们的“圈套”。

另外，在具体运用“威胁”时你要注意以下几点：

1.态度要友善

没有人喜欢被真正威胁，因此，我们的出发点应该是善意的，态度也应该是友好的，应该是本着为对方着想的原则去说服，这样才能真正起到说服目的。

2.讲清后果，说明道理

只要你“威胁”的论据充足，让对方看到各种利害关系，那么，他就会束手就擒。

3.威胁程度不能过分，否则反会弄巧成拙

“威胁”的方法可以增强说服力。在说服的过程中我们首先要摸清对方的底牌，一旦摸清了底牌，就掌握了沟通的主动权。

第10章

职场稳妥前行，需要好言好语相伴

温暖人心，当众说话增进同事情谊

在工作中，同事是我们交往、接触最多的人，这就造成我们很难定位同事的位置，他有可能是朋友，有可能是竞争对手，有可能是敌人。于是，与同事之间保持的关系应是既不过分疏离，也不过分亲密。不过，同事毕竟是我们工作中的伙伴、搭档，因此很有必要通过说话与他们建立起一种融洽的人际关系。当众说话在一定程度上会影响同事之间的关系。你喜欢与哪些同事交谈，不喜欢与哪些同事交谈，当众说话可以毫无隐藏地展露出你心中的喜恶。有的人当众说话带着鲜明的情绪特征，对于与自己关系还不错的同事，他说话比较温和，经常当众表示自己的关心；而对于那些与自己关系不好的同事，则会当众冷嘲热讽，希望以此给对方更大的打击。其实，无论是面对怎么样的同事，我们都需要温和地说话，正所谓“低头不见抬头见”，既然同处一个办公室，更需要与之建立和谐的人际关系。

事实上，公众场合就相当于一个放大镜，它会逐渐扩大你话语中掺杂的个人情感。比如，你当众对某位同事进行安慰或关心，你这样的情感会得到一定的扩大，被安慰或关心的同事觉得很欣慰，因为自己当着众人受到言语鼓励，他内心会稍稍地虚荣一把，而其余的同事也会对此充满羡慕。反之，若是当众进行冷嘲热讽，那么厌恶的情感同样会被扩大，不仅被讽刺的同事会对你抱以深深的恨意，而且其余的同事也会对你产生一些意见，甚至会因此而远离你。所以，当众对同事说话要温和，让同事之间的情谊得到提升。

小李和小王在同一个部门上班，双方的工作能力都很突出，也很受上司的喜爱。最近，公司进行新一轮人事变动，他们所在的部门准备提携一位有能力的员工来担任部门助理。面对这一职位，小李和小王都认为自己能够胜任，于是他们在工作中不禁出现了你追我赶的局面。

有一次，面对领导下达的紧急任务，小李毫不犹豫地接下来。但由于求功心切，造成对整个业务的认识上，有所偏差，导致了工作任务的失败。小李看着自己的工作报告，心灰意冷，觉得自己完全没有希望去竞争那个助理职位了。看着颓废的小李，小王并没有对其进行当众冷嘲热讽，而是亲切地安慰："你就别想多了，兴许我接下这项任务，完成得还不如你呢。我觉得你方法都挺不错的，看来我得向你学习。"小李听了小王的话笑了，之后两人对该工作任务进行了细致的讨论，并且达成了共识。

想要有效地开启同事的内心世界，就应该先进入到同事的内心世界使其产生心理动摇。当你对他内心的"入侵"达到了一定的程度，一般人都会产生心理动摇。比如，当同事遭遇了挫折或者不言不语，你可以当众表示你的同情，但是要注意你所表达的感情是真挚的，不能有一丝一毫的轻视、奚落和嘲讽等意味。

那么在实际工作中，我们在当众与同事说话中，需要注意哪些问题呢？

1.多说温情的话语

当某位同事工作失利或被领导批评时，我们需要借助温情的话语当众对其进行安慰，比如，“没事，这次只是发生了意外情况，下次一定能做好的”“你的工作能力一向不错，我相信你”“领导可能也是气急了，才会说那么重的话，你可千万别放在心上”。同事若是听了这些话，心里肯定会对你充满感激之情。

2.不说伤害同事自尊的讽刺之语

有的人看见同事工作出错了，就幸灾乐祸，唯恐同事受到的打击还不够，于是，他们故意当着众人的面讽刺对方，希望给对方更大的打击，比如，他们会说：“你不是挺能干吗？怎么这次不行了呢？”“这次晋升失败了啊，是不是给领导红包送少了？”这样有着明显讽刺意味的话只会让同事备受打击，当然，该同事的心底也会由此萌发出恨意。长此以往，同事之间的关系肯定会越来越差，而这对于彼此之间的工作开展是很不利的。

人情话是同事关系的润滑剂

提起同事关系，大家想到最多的或许是那句话：职场如战场，同事便是竞争对手。其实，单纯地将同事定义为竞争对手是狭隘的，也是愚蠢的。当今社会，单凭一个人的力量不但无法获得成功，甚至可能寸步难行。职场其实不仅是竞技场，有时它更像一个大家庭，每个人在这个家庭中学习、成长，积累成功所需要的一切技能、资源与人脉。所以，同事关系一定要相处好，职场之上，良好的人际关系是助你成功的一个重要法宝，同事之间的友好协作更是你晋升加薪、走上成功之路的有力保障。

与同事之间的相处，讲究和谐、融洽，这样不但可以令自己有一个舒心愉快的工作环境，还有利于工作的顺利开展，促进事业的发展。那么，怎样才能营造和谐、融洽的同事关系呢？注意说话方式是其中非常重要的一条。

人人都爱听好话，无论是赞美的话还是关心的话，只要足够真诚，就一定能说到对方的内心世界里去，就一定能让对方欣然接受。心理学家曾说："渴望被人赏识是人最基本的天性。"既然渴望赞美是每个人的天性，那么我们就应该学会满足对方的这种天性。一句由衷的赞赏或真心的夸奖，便会令同事在欣喜之余，更感激你的好心与豁达。

小王发现同事琳琳一到办公室便气鼓鼓地坐在座位上，仔细一看，便明白了：琳琳剪了个男人头，她一定是因为不满意自己的发型，所以才暗生闷气的吧？于是小王装作不在意的样子，走到琳琳边上的饮水机处去倒水，然后像发现新大陆似的叫起来："哇！琳琳，你的新发型哪剪的？真好看！"

琳琳气呼呼地说："别提了！我叫理发的稍微剪短一点点就行了，他竟然帮我剪了个男人头！"

"难道没人跟你说其实你更适合剪短发吗？我看你这是因祸得福了，应该好好感谢那个理发的才是。"

琳琳疑惑地看着他，摸摸自己的头发，问："你不会为了宽慰我才故意这么说的吧？"

“怎么可能？真的很好看。”小王认真地端详着琳琳的头发，真诚地说。“你还记得奥黛丽·赫本的标志性短发吗？干练、利落，又不失活泼、俏丽。你剪了这短发，看起来还真有些像她呢！”

“我哪能和奥黛丽·赫本相提并论？”琳琳虽然知道这话有些言过其实，但还是很开心。她一扫原先的郁闷，笑着说：“王哥，谢谢你。你这么一说，我的心情可好多了！你的报表做完了吗？没做的话我帮你做吧，反正都差不多，只要改两个数据就可以了。”

“看来感谢理发师傅的应该是我才对了！”小王戏谑地说，大家开心地笑了，办公室内一片暖意融融。

一句赞美，即便与工作无关，也能成为在彼此的心灵间架起桥梁的契机。其实说几句话不过是举手之劳，却能让同事感受到你对他的关心与在意，可以令对方迅速对你产生好感。小王正是通过这样的方式，不但让他人排除了烦恼，也给自己带来了意料之外的惊喜。因此，身在职场，不妨让自己的心思变得细腻一些，观察同事最得意的地方，如穿衣品位、工作态度、爱好兴趣、办事效率，甚至他那让人羡慕的健康等，然后用赞赏的语气说出来，那样，定会让你在与同事的相处中如鱼得水、游刃有余。

当然，无论是赞美的话也好，关心的话也好，同事之间的人情话一定要注意一个原则：不可言过其实，否则就会令人听起来别有用心、另有所图。真诚是将人情话说到对方心中的最基本的要素。离开了真诚，人情话说得再漂亮，也会像一个没有了灵魂的美人一样，令人感到索然无味。

与同事交谈的法则与分寸

语言是人与人之间交流思想和感情的工具。运用好了这一工具可以使你在工作与学习中如鱼得水，没有运用好的话，只会带给自己不好的影响。在与人交往中，知道怎样说话，是非常重要的。如果没有处理好这一关系，只会让别人不喜欢你，不愿意与你交谈。因此，在人与人的交往中，就应当运用好这一工具，就要学会多说别人的长处，少说或不说别人的短处。

多说别人长处的前提就是善于发现别人的长处。无论是在生活中，还是在工作中，每个人都希望听见别人赞美的声音、真诚的语言。与人交往的过程中，一定要热情但不张扬，说出来的话既不能是冷冰冰的，又不能让人觉察到有一丝的虚伪与夸张。明白“天不言自高，地不言自厚”，言多必失。与人交往时，切忌贬低别人，要明白什么样的话适合什么样的人，用言一定要慎重，否则对自己没有好处。

说话要得体，在和别人说话时，一定要想清楚自己能不能这样说，如果你说的话与对方的身份不符，那么不但不能帮助对方，还会让自己感到无地自容。只有坚持好话多说，恶语不说，才能对自己有所帮助。

在一次宴会上，唐太宗让善于鉴别人才并善于评论的王珐从房玄龄他们开始，对他们都作一个评价，分别说出房玄龄等人的优点和缺点，并拿他们和王珐自己比较一下。

王珐回答说：“孜孜不倦地办公，一心为国操劳，凡所知道的事无不尽心尽力去做，在这方面我比不上房玄龄；常常留心于向皇上直言建议，认为皇上能力德行若比不上尧舜便很丢面子，这方面我比不上魏征；文武全才，既可以在外带兵打仗做将军，又可以进入朝廷搞管理担任宰相，在这方面，我比不上李靖；向皇上报告国家公务，详细明了，宣布皇上的命令或者转达下属官员的汇报，能坚持做到公平公正，在这方面我不如温彦博；处理繁重的事务，解决难题，办事井井有条，这方面我比不上戴胄。至于批评贪官污吏，表扬清正廉署，疾恶如仇，好善喜乐，这方面比起其他几位能人来说，我也有一技之长。”

唐太宗听了他的评论之后表示赞同，而房玄龄等人也认为王珐的评论非常正确，而且道出了自己的心声。

王珐懂得在赢得他人信任的同时，收敛自己，懂得低调做事的原则。这就告诉我们做事时低调的重要性，你有较好的能力的前提下，即使你低调做事，别人也不会忽视你的能力。你并不需要通过贬低别人来提高自己。这就是“做事要有进取心，做人要有平常心”。

在与人交往中，真诚很重要，但是在真诚的基础上还得注意自己说话的方式以及语气，尤其是向别人指出其缺点的时候，每个人都希望听到别人说自己的好，都希望别人能站在自己的立场上为自己考虑。要想和别人更融洽地相处，就必须充分地肯定别人的长处。

聪明的人知道怎样打造自己的交际圈，他们善于处理自己工作与生活中的一切人事关系。不但将自己的自信充分地展现在了别人的面前，也表达了自身的独特魅力。聪明人就是通过这种魅力社交来掌握自己的宽阔人脉网的。

工作中总会有与同事交往沟通的机会，这就需要学会多说别人的长处，少说别人的不足，只有这样才能将自己与他人的关系拉近。多说别人的长处，少说别人的不足，并不是要一味地阿谀奉承，这只是与人交往的一种手段，也是最能让人接受的一种说话方式。这种方式不是最好的，却是最实用的，效果最好的。

自嘲式赞美彰显智慧

前面我们说过，倾听是最好的赞美，这只说对了一半，很多时候，对方在与你诉说时，并不满足于你的倾听，正如大文豪大仲马所说："当一个人向你喋喋不休的时候，仅仅聆听是不够的，你还必须作出相应的赞美。"尤其是这个人将自己的苦闷、弱点统统告知于你，如果你只是简单地附和，那么一定会让对方心生不满。要知道，当一个人向他人诉苦时，并不是要得到对方对他缺点的认可，而是在向对方寻求一种安慰。

通过自嘲来赞美他人可以使对方敞开心扉与你交谈，因此，在赞美他人的时候，我们不妨以自己的缺点、弱势、失败经验为话题，以此增强对方的优越感，提升对方的自尊心，从而让他信任你，坦然接受你。

心理学家说："不自信的人往往希望在别处寻得自信。"当一个人拿着自己的缺点和不足喋喋不休的时候，正是他在寻求自信的时候，所以这个时候的赞美最容易取得成效。你可以大方地爆料一下自己的缺点，让对方从你这里找到自信或者达到心理平衡。当然，有时候你无法拿自己示例，也可以举一个身边的案例或者道听途说的故事，这也可以起到劝慰的作用。

自嘲并不是把自己说得一无是处，真正能够做到自嘲的人都是自信豁达的人，一个会自嘲的人，往往就是一个富有智慧和情趣的人，也是一个勇敢和坦诚的人，更是一个将自己上上下下里里外外看得很明白的人。所以，在自嘲中，我们不仅将我们真诚的恭维送出，同样也将我们深邃的智慧彰显。

主动“说破”表明你很诚实

与人交谈中，很多情况下，为了展现我们最好的一面，也为了掌握交谈的主动权，很多时候，我们都是小心翼翼地和他人保持着距离。我们是这样的，别人也是这样的。如果我们不想被别人牵着鼻子走，如果想拉近彼此的距离，其实可以主动暴露和说破一些事，而这能向对方表明你是诚实的，这样，对方的戒备心就会松懈。那么，对方也会对你坦白内心。

在新的工作环境里上班的第一天，黄小美感觉到非常地不习惯，不仅是因为新的环境不适应，更主要的是和新的同事不熟悉。尽管随着时间的推移，她终究会和他们打成一片，但是黄小美可不想把主动权交给时间。

于是，这天中午，她利用午休的时间，和同事玉环聊起了天。由于刚刚认识，玉环对她抱有很强的戒备心。双方聊了聊天气，聊了聊拥堵的路况，就没了话题。而且玉环表现得非常矜持，没有多发表意见。

这时候，黄小美说：“我这人方向感特别地不好，今早上来的时候走错了地方，我还一个劲地敲门呢，结果走到了隔壁楼，幸亏一位大姐的热心帮助，我才找到了这边来。你说我是不是太笨了点啊？”

玉环笑着说：“这不算什么，我当时直接坐反了车，还一直纳闷呢，怎么没有当时说的那个公交站点啊？直到车到了终点，不再走了，我还疑惑呢，后来问了乘务员才知道原来自己坐反车了，当时好丢人啊！”

……

就这样，黄小美和玉环之间的话慢慢地多了起来，玉环也不再表现得那么矜持了，而是畅所欲言，再加上两人年龄相近，聊的话越来越多。黄小美嗓门很大，玉环也不再装淑女了，没心没肺地开怀大笑起来。她们很快从陌路成为了无话不谈的朋友。

黄小美再也不觉得难受了，她在这个新环境里有了朋友，再也不孤独了。

故事中的黄小美和玉环由于刚认识，所以彼此之间都很有戒心，后来在暴露了彼此的不少缺点之后，双方的心理距离迅速地拉近了。由此可见，暴露缺点，让他人感觉到你的真实，进而跟真实的自己进行比较，觉得安全，彼此的心理距离会迅速地拉近。

我们在与人交往之初，都希望双方能进一步了解，但出于防备心，人们都不愿意坦露内心。此时，如果我们“坦白交代”，主动说破对方想知道的和自己的一些小缺点，便更能向对方展示你的真诚与可爱，更有助于打消对方的心理防线，从而有利于你进一步了解别人。

具体来说，坦白内心，我们应注意以下几点要素：

1.主动交代自己，暴露自己无伤大雅的往事

比如，闲暇时候，你可以和同事闲聊自己曾经失败的事，这比谈

自己成功的事更易拉近彼此间的距离。因为一味炫耀自己成功的光荣事情，容易让人产生反感，而留下不好的印象。如果我们暴露自己做过的一些错事，那么首先在态度上我们已经示弱并表示了友好，对方没有不接受的道理。

2.把握好坦白的度

犯一些小错，要在不伤及大局的情况下进行，对于这个度，我们要把握好。因为，“过多地暴露”或者“和盘托出”都会存在风险，过度地暴露自己，很可能会让对方顺着你的思路去思考和评价你，最终导致的结果是让对方远离你，因为和人们不喜欢“完美”的人一样，他们也不喜欢全身满是缺点的人。

因此，提倡“自我暴露”，并不是让你把自己的“老底”都揭给对方看，不分场合和对象地将自己“暴露无遗”。比如，在职场，我们不能因小失大，不能因为讨好同事或者领导，而让自己犯一些原则上的错误，如账目问题、工作态度问题，我们不妨选择暴露那些不会影响到整体形象的“小事件”或者“小缺点”“小毛病”等，正因为这些小瑕疵的存在，我们会显得更真实，更可爱。

当然，我们在坦白一些事的时候，千万不能抱怨别人，否则会让别人感觉到你不会处理人际关系，总是在怨天尤人。和你接近，如果出了问题，你也会抱怨他。因此，对你有了成见和看法。实际上，你的坦诚并没有换来别人的亲近，相反，导致别人的心理戒备加强，和你拉远了关系。

人际交往，要想消除彼此的戒备心，最好的办法莫过于先主动坦白内心，暴露自己，这样也会促进对方向我们敞开心扉。

第 11 章

遭遇窘境不害怕，好口才助你解尴尬

好口才为自己化解尴尬

在与别人交往的过程中，一时的失言是很正常的现象。尽管每个人从内心里都不愿意说错话，但是错话往往会在一些意外的情况下从嘴里说出来。说出去的话是不能收回的，为了减小负面的影响，不妨多动一下脑筋，随机应变，用将错就错或者曲解词意等方式来化解说错话后的尴尬。

无论是将错就错还是曲解词意的方法，目的都是转移对方的注意力，在最短的时间之内抹掉对方心灵上的不快，消除尴尬的局面，从而将意外的紧张和不快迅速地转化到轻松欢快的场景中去。

杨先生是山东人。一次，他和一个客户谈生意。由于是初次见面，一时间难以找到什么话题，就开始东拉西扯地聊起了各地的风土人情。通过交谈杨先生得知客户是烟台人，他顿时感到倍加亲切，有一种他乡遇故知的感觉。在两个人的谈话中就很自然地多了几分亲热，少了一些客套，心情上也放松了许多。

“中原地区是一个好地方，历史悠久，文化灿烂，有着很多的风景名胜，又是交通枢纽，更为难得的是民风淳朴，不像南方。南方尽管是发达地区，但是那里的人都有一种市侩气，尤其是南方的女性，虽然有过不少有名的人才，但是大部分人失去了江南水乡的清纯，都很虚荣，成为了地道的拜金主义者……”

没有想到的是，客户的脸色呈现出不悦之色，并且有些生气地说：“拙荆就是南方人呀。”

一下子，气氛尴尬了许多，杨先生意识到了自己的口无遮拦给对方带来不小的伤害。但是杨先生毕竟是交际场中的高手，见状赶紧说：“夫人是南方人吗？实在是太巧了，我就是在南方出生的呀。”

尽管说谎不是好事，但是为了化解一下尴尬的气氛，善意的谎言还是可以理解的。杨先生这样就为自己对南方的理解找了借口，然后又追加了几句南方人的优点：“南方人追求金钱是有目标的表现，在生活上，性格细腻的南方女性最适合做终身的伴侣。”听完杨先生的话，对方的脸色就转怒为喜了。

我们与人交往，什么样的人都可以遇到，时不时受点儿冲撞和冒犯也是正常。这时候你采用何种方式去应对，是对你处世水平的考验。

在生活中，什么样的事情也都可以遇到，当别人的冒犯给自己带来尴尬的处境时，恼羞成怒勃然变色都是十分幼稚的行为，那样既会浪费时间和精力，又不利于人际交往。在这个时候，不妨见招拆招，换一种角度去解释别人带有攻击或者嘲讽的话语，那么，不仅能够让自己迅速地摆脱尴尬的局面，还能把这一次的尴尬转化为宣传自己的工具，从而达到一种艺术效果。

中文系大一新生的一个班会上，学员们轮流上台作自我介绍。轮到了来自农村的学生牛力时，他走上讲台，刚刚说了一句：“我姓牛，来自农村……”却被一个不友好的声音给打断了，只听有人说：“哎哟，乡下的小牛要进城喝咖啡了。”很多同学都放肆地笑了起来，牛力对这位无礼的同学感到十分气愤，但是又不愿意在第一天里就给别人留下不好的印象，就忍住火气，让自己镇定了一下说道：“是的，我是乡下的小牛，不过，我来到这里并不是为了喝咖啡，而是来‘啃知识’的，以便更好地回到农村去耕耘，我‘吃的是草，挤出来的是奶’，我愿意永远做我们家乡的孺子牛。”

他的话说完之后，大家都自发地热烈鼓掌，为牛力精彩的讲话喝彩。牛力用自己的机敏，顺着别人的玩笑话，用鲁迅先生的名言作了一个很好的解释，既让自己摆脱了尴尬的局面，又表明了个人的做人原则，赢得了全班同学的由衷敬佩。

通常情况下，别人带有侮辱性的玩笑话并非是故意的刁难，只不过是有口无心而已。在这个时候，你没有必要为此事而恼羞成怒，伤了双方的和气，而是要充分展现自己的口才，顺着别人的话借题发挥，将那些略有侮辱性的语言变成褒奖自己的话语。

在我们遇到尴尬的时候，没有必要面红耳赤，不知所言，更没有必要恼羞成怒，丧失理智，不妨转动一下脑子，寻找另外一种语言，用好的口才去化解尴尬的场面，消除其中的可笑意味，缓解一下双方的紧张心情。不论尴尬是否由我们一手造成的，既然出现了，躲避是没有用的，那么不妨把情绪放平和些，用语言来进行及时的弥补和拯救，那么你就会变得轻松许多。

不要随口就说“不”，让领导丢了面子

身在职场，作为下属和员工，我们就得被人管理，接受任务，可能有时候，有些要求根本不在我们的工作范围内，也有一些任务，我们根本无法接受。面对这种情况，有些人默默接受，可是一旦完成不了，反倒招致领导的批评；而也有一些人，一旦认为领导的要求很无理或者无法完成，就脱口而出一个“不”字拒绝了领导。

诚然，面对上司合理的要求，你不应该拒绝，也不应该自恃才高，毕竟上司的工作经验比你多，你没有理由拒绝他。但面对无法完成的任务或者无理要求，我们要有自己的原则。但很明显，上面这两种做法都是欠妥的，即使拒绝上司，也要顾及他的面子，直接说“不”，尤其在一些非私下的场合，会让领导失了身份和面子，可能当时领导不说什么，但心里一定不愉快。

骆冰是一个幸运儿，大学刚毕业就进了一家外企，拿着高工资，让周围的人很羡慕，但这并不是偶然所得，她的确能力很突出，为此，她从不谦虚，更不理会那些师哥师姐告诫的要在老同事面前谦虚谨慎的话。

骆冰是一个追求新潮和个性的女孩，在办公桌上贴满了自己喜爱的明星以及自己喜欢的个性照。可是，她的顶头上司是一名40岁左右的古板女人，哪受得了骆冰的这些做法。于是，便三番五次找骆冰的碴儿，说办公桌上最好不要摆那么个性张扬的饰物和明星照片，这样容易分神，影响工作。骆冰听完后想也没想便回答：“才不呢，经理，您这是不了解现在的年轻人，他们可是能边玩边把工作做好的一代哦。而且工作累了看看这些时尚的东西，也不失为一种很好的调节啊！您不妨也试试看？”经理听完倒是没说什么，以后也不再为这事说骆冰了。

在实习期间，骆冰就拿出了自己的水平，因为业绩突出，第一个月的奖金自然很高。女上司笑着对她说：“刚工作便做出这样出色的成绩，可要请客哦。”骆冰听完，一脸掩饰不住的得意：“这算什么啊，等一年后我有了更大的业绩，一定请你们去市里的大酒店大吃一顿！”

转眼，年底要到了，大家都开始忙起了年度评优的事，骆冰给自己算了一下，以自己的业绩，第一的位置非自己莫属，那这个先进奖，自然也应是她的了。

最后的结果，却是被一个次她一等，但在人前一团和气的同事夺了去。骆冰有点想不明白，便直接去找了领导。女上司笑眯眯地听骆冰发泄完，说：“我正有一个消息要告诉你，因为工作关系，你暂时被借调到分公司去工作一年。”骆冰一下子呆住了，这个所谓的借调，其实是“遭贬”。

有一些好心的前辈对骆冰说：“其实，你很优秀，但是我觉得除了学业、能力之外，你还要好好地学习一下如何说话和为人处世，职场不是校园，没有那么单纯。个性要有，努力要有，但与人说话，也是极其重要的，一个人的成功与否，有时候可能就会被一句话左右啊！”

案例中的骆冰本来春风得意，却因为得罪领导而被穿了小鞋，可谓是有冤无处申。刚开始，女领导因为看不惯年轻人的一些做法，而提出一些要求，虽然这些要求的确没来由，但即使拒绝，也要委婉一点，对她尊敬一点。而后来，当骆冰实习期间就取得很好的成绩，领导开玩笑要她请客时，她的语气也让领导很没面子。要知道，没有哪一个领导愿意自己的下属把自己踩在脚下，即使领导脾气再好，也会对其产生负面的印象。

拒绝要讲究方法，不管上司的要求有多无理，断然拒绝都不是好的处理方式。在职场上游刃有余的人往往是那些与上司关系融洽的人，脱口而出的“不”字很容易得罪领导。

那么，我们该怎样拒绝那些我们不想完成的任务呢？

1.尽量拿公司的规章制度说话

在很多公司，因为内部分工不是很明确，上司可能会叫你做这个工作，又让你做那个工作。如果公司的内部情况就是如此，你应该可以接受，因为这是公司情况所决定的。但是如果上司叫你做的事情，其实和工作完全无关，这个时候，你就可以提出自己的质疑，婉言拒绝了。

2.从公司利益的角度让领导收回成命

领导最关心的还是公司的利益，如果你晓之以情、动之以理地告诉领导，你没能力完成，如果接手他的任务，会给公司利益带来威胁，领导一般都是通情达理的，也就不会过度为难你。

3.避开领导的痛处

案例中骆冰的最大的错误就是戳到了领导的痛处，她说经理“不了解现在的年轻人”，这无疑是说经理是老女人，年纪是很多中年女人避谈的话题，骆冰犯下了职场最浅显的大忌。

所以，我们在拒绝领导的时候，一定要考虑到他的面子，不该说的一定不说，想说的一定要会说。

遇到冷场时，你该说些什么话题自救呢

与人交谈，最尴尬的情况莫过于遭遇冷场。不难想象，如果是两个人四目相对两无言，则气氛紧张难耐；如果是很多人大眼瞪小眼，谁也不知道应该说些什么，则更加难堪。总而言之，一场愉快的交谈，绝不应该是频频冷场的。在那些氛围愉悦的交谈中，很多人谈兴高昂，甚至会争抢着说话，实在是让人不得不被表达的热烈氛围感染，也恨不得马上说出自己的心声来。自然，每个人都无限向往这样热烈融洽的交谈氛围，但是大多数人都觉得这样的交谈是可遇而不可求的。

无法否认的是，我们都不是他人肚子里的蛔虫，不可能做到对他人了若指掌。因而，在与他人交谈时，难免会不小心踩了对方的雷区，或者是遭遇意外的情况，导致冷场。在这种情况下，应该说些什么话题自救呢？通常情况下，之所以出现冷场，是与话题有关的。如果话题缺乏新意，或者是交谈的某一方排斥这个话题，就会出现冷场。当谈话变得就像挤牙膏，交谈也会变得了无趣味。

为了避免冷场，我们应该谨慎地选择话题，也可以以对方的兴趣为依托，说些对方感兴趣的话。当然，如果在不了解对方的情况下与其交谈，则应该随时观察对方对话题的反应。如果不慎冷场，不如认真观察对方的穿着打扮，或者适时地转移视线，说些目力所及的事物或者人。无论你说的话题是否深刻，只要你能够打动对方，让他乐意回答你，你们就能交谈得非常愉快。此外，回想你与对方说过的话题，你会发现你随便以某个点为由头，都能激起对方的谈话兴致。

在陪同老板出差的路上，华丰刚开始时有些紧张。因为老板平日里

是非常严肃且不苟言笑的，因此华丰虽然在枯燥的旅途中，说话却不敢造次。不过老板显得比平日工作中要轻松活泼，时不时地就会问华丰："华丰，你喜欢巴黎吗？咱们这次到了法国，处理完公务之后，就去埃菲尔铁塔走一走吧。"华丰僵硬地回答："好啊。"老板又说："说说吧，你去过哪些国家？"华丰不好意思地笑了笑，说："真的，我还没有出过国门呢！"原本，如果是普通朋友之间说起这个话题，华丰一定会感慨万千，因为华丰自幼家境贫寒，大学也是自己靠着勤工俭学才读完的，根本没有经济能力出国走走看看。不过，面对老板，他显然不愿意说太多。这时，老板明显感觉到华丰的谈兴不高，因而也开始沉默起来。一时之间，难堪的沉默在彼此之间弥漫，华丰觉得有些压抑。沉默很久之后，华丰问老板："老板，你一定去过很多国家吧？"老板笑了，说："我是在英国读书的。为了开拓眼界，趁着节假日就走了很多地方。不过，当时我爸爸只负责供我读书，根本没有多余的钱给我四处旅行。因此，我就辛苦地一边读书，一边打工，攒够了钱就去旅行。"华丰羡慕地说："爸爸能供你出国读书，已经是非常有实力的了。我从读初中开始，就是自己积攒学费。就连读大学的学费，也是勤工俭学，再加上助学贷款。直到毕业两年后，我才还清学费呢！"听到华丰的话，老板显然大吃一惊，说："难怪呢！我总觉得你和很多同龄人相比显得很成熟，而且很稳重。原来，你小小年纪就要为自己的人生埋单了！"接下来的旅程中，华丰和老板相谈甚欢，而老板也因为了解了他的坎坷经历，对他更加刮目相看和器重了。

面对冷场，原本不愿意与老板过多深聊的华丰也感受到难堪的沉默，因而，他反过来问老板的成长经历，果然让老板谈兴大发，还说起了自己半工半读去旅行的事情。由此，华丰也不再遮遮掩掩，归根结底，贫穷不是什么不光彩的事情。贫穷而有志气，才是真正值得钦佩的。果然，老板在听完他的经历之后对他刮目相看。

尤其是在职场上，很容易遇到冷场的问题。因为在面对上司或者是客户时，我们往往因为心情紧张，无法做到畅所欲言。经验丰富的人肯定知道，通常冷场都是因为话题不合时宜引起的。只有找到合适的话题，我们才能再次调动氛围，让交谈重新变得热烈起来。

擅长聊天的人，即使只说简单的几句话，也能让冷场的氛围瞬间活跃起来。有时这句话是句玩笑话，有时这句话是句恭维话，有时这句话的目的仅仅是转移话题。我们只有灵活应对与他人的谈话，才能让氛围不再让人难堪，让现场的每个人都安然享受愉悦的交谈。

巧用幽默，化解误会

身处职场，作为下属，我们都知道与领导搞好关系的重要性，希望能与领导建立起良好的人际关系。但事情往往不以人的意志为转移，事实上，每个下属很难避免在工作中与领导产生一些或大或小的摩擦，领导对下属的看法和成见，除个别的有复杂的原因以外，很多时候也是领导对下属的误解，我们要做的就是化解误会，重新树立自己在领导心中的良好形象。

可是有句话叫作“越描越黑”，我们越是解释，可能越会给领导留下想推卸责任和狡辩的印象，所以，与其解释太多，不妨尝试换一种思维，用幽默化解，当领导开怀一笑后，误会也就解开了。

王翔一直是个本本分分的员工，领导对他的印象一直也很好，几次开会还当着众员工的面表扬他，但后来的一件事，彻底改变了领导的想法。

王翔身体一直不是很好，但尽管这样，还是每天坚持工作。有一天晚上，王翔得了急性肠炎，一直拉肚子，早上难受得很，就给领导打电话说肚子不舒服，和他请个假，领导当时也说："行，休息一天吧。"很自然对话就结束了。

第二天，因为单位事情很多，王翔就留下来加班。前一天晚上王翔的急性肠炎已经好一点，就硬撑着接了一些工作，一阵子忙完以后，王翔到隔壁办公室溜达，同事告诉他说："前天你走后，领导对我们说你拉肚子是装的。"王翔一听，心里很委屈，自己从来没有迟到早退，也从不动不动就请假，可领导怎么能这么想？就因为拉肚子请个假，整出这么个误会，王翔觉得一定要向领导解释清楚。

但王翔一直没找到合适的机会，有一天，王翔的急性肠炎又犯了，疼得厉害，他捂着个肚子去找领导请假，他敲门进去，就对领导说："经理，我头疼，能准我一上午的假吗？"领导一看好奇怪，就回答说："你怎么捂着肚子说头疼？"

"我上次捂着肚子说肚子疼，你误会我，说我装的，那这次，大家建议我换个方法，说头疼，你也许能相信。"王翔腼腆地把话说完了。说完这些，领导扑哧一声笑了，答应了王翔的请假，还让他回去好好休息。

就这样，一场误会解开了。

王翔是聪明的，他的这种情况，按照常规方法去和领导解释，恐怕只会越描越黑，而且，因为领导误会王翔的事只有同事们知道，一旦王翔找领导解释，还会让领导觉得王翔是一个爱打听小道消息的人，对王翔的误会就会更深。

而王翔巧用幽默，虽然领导知道了这些，他最终一笑了之，一场误会也就解开了。

职场中，我们和领导的关系如何，不仅关系到我们自己工作得愉快与否，更关系到整个企业内部的运作，美国阿克伦大学教授艾伯特·库奇指出："企业员工之间发生争吵或是互相嫉恨的话，企业的生产效率会大打折扣。"库奇教授说，许多争吵的根源实际上无非是些鸡毛蒜皮的小事情。我们和领导之间的小矛盾，也是完全可以化解的，尤其是巧用幽默，更能收到意想不到的效果。

那么，我们在用幽默化解误会的时候，要注意哪些问题呢？

1.欲速则不达，稳控整个交谈局势

和领导交谈的目的是化解领导对我们的误会。对我们的错误认识，是领导自己形成的，也要领导自己得出"冤枉"了我们的这个结论，而这个过程，我们一定要掌握主动地位，急于求成往往容易弄巧成拙，演变成是我们在领导面前要手段，这样更得不偿失。

2.不能否定领导原先的判断

尽管我们被误解，可是我们不能直接提出来，否则，会让领导失了面子，迁怒于我们，而通过幽默，让领导自己得出结论，这样，他就会发现自己错了，即使不说出来，也在心里对你的印象大为改观。

3.语气委婉，不可冲撞领导

我们的目的是改变在领导心里的不良印象，即使我们有理，也不能态度蛮横，否则会变成我们的“错误”。语气委婉，不温不火地说出来的幽默才更有冲击力，领导才更容易接受。

第 12 章

混迹职场天下，巧妙拒绝有方法

对同事说“不”要讲艺术

生活和工作中的每个人都希望得到别人的肯定，这就要求我们在对待别人的时候多一些谦虚，不要过分地强调自己，不要动辄与人抬杠较劲。不和别人较劲抬杠，并不是不坚持自己的观点，而是一种保障自己受别人肯定的智慧。

较劲也可以理解成一种攀比，而有些人的这种心理很强烈。别人越是风光，他就越是失意，对于别人的成就只有挫败感。继续这样的心态只会让自己心生烦恼，想要过得快乐就必须戒掉这种爱与人较劲抬杠的心理。

较劲抬杠的具体表现就是过分地坚持自己的观点，过分地执着。执着，被有些人认为是美德，也被另外的人认为是顽固不化、不懂变通。无论将它理解成美德，还是顽固不化，都应该认识到抬杠其实只是和自己过不去的一种表现。

我们每个人都有自己独特的优势，这是任何别人都无法比拟的。重要的是扬长避短，做最好的自己，只有这样，才会拓宽自己的人生道路。一味地与别人较劲只会让自己的人生遭遇挫折。因为挫折有灵性，它害怕你的平静，最希望你和别人较劲、抬杠，这样它就能出来打扰你的生活了。生活就是不要和自己过不去，与别人较劲、抬杠，就是和自己过不去。而且，即使你在与他人的较劲中胜利了，那也得不到他人的好感，对自己也是没有好处的。

在诺贝尔化学奖获得者范特霍夫提出碳原子新理论之后，他的朋友——德国有机化学家柯尔比对此给予了全盘否定的评价。范特霍夫对此给出的回应是："柯尔比先生的宏论从头到尾没有推翻我研究出来的铁一般的事实。"柯尔比听到范特霍夫的回答之后，怒气冲天地从德国赶到荷兰找他辩论。可是当他出现在范特霍夫的实验室的时候，范特霍夫热情地接待了他，并用冷静且谦虚的语言表达了自己的观点。结果两位科学家从此"冰释前嫌"，共同合作，造福人类。

只有靠技巧、协调、宽容，与同情并用，才能正确看待别人的观点，也才能真正地消除误会。林肯有一次斥责和同事发生激烈争吵的一位青年军官，他说："任何决心有所成就的人，决不会在私人争执上耗时间，争执的后果不是他所能承担得起的。而后果包括发脾气、失去自制。要在跟别人拥有相等权利的事物上，多让步一点；而那些显然是你对的事情，就让得少一点。与其跟狗争道，被它咬一口，不如让它先走。因为，就算宰了它，也治不好你的咬伤。"

每个人都有着争强好胜的心理，都希望自己才是那个最优秀的人。要想与人融洽地相处，就应该克制自己的这种心理，避免和别人较劲。因为一时的冲动冒犯了别人而失去一个朋友，那就得不偿失了，所以要避免这种情况的发生。吃亏是福，能吃亏是一种境界，同时也是一种智慧。它有好的方面，能磨炼人的耐性，锻炼人的意志。

职场女性，尤其是在职场中已经有了一定地位，而又比较敏感的女性，总是感觉到同事们在背后议论、批评自己。她们就会理所当然地把自己感觉到的那些同事当作自己的“敌人”。在工作中，总是想要与那些同事一决高下，以证明自己的实力。随着时间的推移，连她们自己都会感觉到，自己是在被这些“敌人”追着跑，只要停下来就会有被人瞧不起的危险，甚至自己现有的地位也会被别人取代。

很多职场中人都会遇到这样的问题，同事之间往往都会有竞争，有竞争就会有压力，就会有容易将优秀的同事想象成自己的敌人的人出现，也就是人们常说的假想敌，之所以会有假想敌，是因为竞争所带给人的心理防御。这是缺乏自信的表现，这样的人很难接受别人比自己优秀的事实。其实，“假想敌”的出现也是对自己积极工作的一种鼓励，正确处理它的方法就是把假想敌当朋友，只有这样，才有利于工作的顺利进行。

遇事不较劲、不抬杠是一种从容、一种淡定，不较劲也是自己有爱心的一种表现，不抬杠是给别人留有余地的同时，给自己留有台阶的表现。聪明人能获得更多的成功机会，其实在于他们遇事不较劲、不抬杠，善于站在别人的角度考虑问题，不会将自己的看法与观点强加给别人。

工作中，同事们之间也会有处事方法完全不同的，即使是同样的一件事，也会有人一办就成，而另一些人却是屡战屡败。这就是因为，屡战屡败的人往往都太自我、太较真。这样的人，活得并不快乐。无论是在生活中还是在工作中，都要明白，什么事情做到什么程度，不和别人较劲、抬杠是一种修养，同时也是一种品位。

请多说“不过”和“但是”

拒绝别人的要求，直接说出“不”字来，总会让我们感到很为难。答应的话，自己办不到，不答应吧，又怕别人面子上下不来。当我们束手无策、进退两难的时候，可以先肯定对方请求中合理的部分，然后再用连接词“不过”和“但是”来进行转折，从而达到委婉拒对方的目的，这样就能收到很好的效果。

赵敏自己办了一家服装厂，经过多年的打拼终于形成了一定的规模，不仅在国内市场上打开了一条销路，并且还有许多产品销往国外。服装厂的效益好了，自然就有不少的人愿意到她的公司去工作。除了应聘者络绎不绝之外，还有不少的人找熟人托关系，希望能够到她的工厂里求得一个职位。

这一天，赵敏的一个老朋友给她打来电话，说想要给她推荐一个刚刚从服装学院设计系毕业的“人才”，问她是否愿意接受。正准备再次扩大规模的赵敏当时很需要一些专业的设计人员，而且这位朋友和她的关系又不一般，于是就爽快地答应让那个服装学院毕业的学生来面试。但是，面试的结果让赵敏感到非常失望，对方根本不像朋友说的那样是一个“人才”，而是一个地地道道的门外汉，就连基本的设计知识都不懂。

赵敏这下可犯难了，接受这个人吧，他明显地不适合这份工作，不接受吧，又怕无法给朋友一个很好的交代。毕竟，这位朋友在赵敏创业初期给了她很大的帮助。经过再三的考虑，赵敏决定拒绝留用这位“人才”。但是，在作出这个决定的时候，她又在考虑用哪一种方式来跟朋友说这件事。

三天之后，赵敏高兴地给朋友打电话，说“非常感谢您给我推荐的这位人才，经过我们这里几个领导的商议，认为他非常有能力。只不过，他所学的专业和我们的要求有着很大的差别，在我们这里上班我们自然表示欢迎，但是这样做的话只能限制他才能的发挥。我想，还不如让他找一家对口的单位，找一个真正适合他的公司和岗位。我可以在我的朋友中问一下，看看有没有人需要这样的人才，您看好吗？”

朋友也是一个明白事理的人，听赵敏这么一说，心里便明白了，就很爽快地说：“既然是这样，你就不要为难了，再让他去别的公司试试吧。”

赵敏在拒绝朋友推荐的人才时，并没有直接说不能用，而是先对朋友表示了一番衷心的感谢，然后，她接着说：“但是这样做的话只能限制他才能的发挥。”这样就会让朋友和被推荐者感到十分有面子，对不能聘用的结果也不至于有太大的反感。最后赵敏还说了一句“我在我的朋友中问一下，看看有没有人需要这样的人才”，这样就会让对方不至于因为没有被聘用而耿耿于怀，反而对她充满了感激。

当对方向你提出要求的时候，如果你从一开口就说“不行”，必然会给对方带来不愉快，不如先肯定一下对方，对他的要求表示同情和理解，然后再巧借连接词“但是”“不过”来陈述理由，这样就能让对方理解你的处境，从而不再强人所难，主动地放弃请求。

比如，当你的朋友想让你帮他完成一项工作的时候，而你却没有时间去帮他的忙，在这个时候你万万不能说：“我哪里有时间去管你的事，你还是去找别人吧。”这样说虽然达到了你的目的，却会给朋友带来伤害。为了慎重起见，你不妨这样说：“我非常愿意帮你的忙，毕竟这是一次让我得到学习和提升的好机会，但是我手头上还有很多的事情没有处理完，我想以你的工作能力和效率完全能在很短的时间之内完成这一任务的，要不您自己先干着，等我把手头上的事忙完再过来和你一块去完成这项工作，好吗？”

这种带有建议性质的拒绝，既能让朋友知道你是在设身处地地为他考虑事情，又达到了拒绝的目的，做到了合情合理，想必对方再也不会说出其他的话来。

在生活中，我们在拒绝他人之前，可以先由衷地表示感谢，然后再用连接词“不过”和“但是”来委婉地拒绝别人，做到既能坚持个人的观点，又不至于太伤别人的面子。

委婉含蓄的表达，同样能够表明心意

在拒绝他人时，有些人非但没有找到充分的理由，而且不合时宜地要行使人权，偏偏说自己就是不愿意帮忙，除此之外毫无理由。尽管帮忙是情分上的事情，但是任何人被如此霸道地拒绝，总归是不那么愉快的。与其这么直截了当、毫不掩饰地拒绝他人，最终导致原本的情分也荡然无存，我们不如采取委婉含蓄的表达方式，给予对方更多的尊重和理解，从而保护彼此的感情不受伤害。当然，需要注意的是，即使采取委婉含蓄的方法拒绝他人，我们也应该竭尽所能地表明心意，千万不要因为含蓄委婉，就导致意思含糊不清，甚至遭人误解。

在拒绝他人之前，很多人往往也非常犹豫纠结。倘若接受他人的请求，则会使自己感到委屈和为难，倘若拒绝他人的请求，则又怕得罪了他人。在这种情况下，若能够有两全其美的方法，则无疑是最好的选择。委婉含蓄地拒绝他人，正是这样一种好办法。否则勉强自己接受了他人的请求，却又因为能力不足导致无法兑现承诺，则不但会伤害对方的情感，还会因为延误时机，导致对方蒙受更多的损失。如此一来，暂时地接受还不如干脆地拒绝呢！当然，众所周知，多个朋友多条路，多个敌人多堵墙。任何情况下，拒绝都不要颐指气使，更不要满怀嫌恶之情。我们唯有以委婉含蓄的方式明确表达我们的拒绝之意，才能各个方面兼顾，皆大欢喜。

如今的应届大学毕业生满世界都是，因而如果不是有着出众的才华和让人瞩目的能力，对于大学生而言找工作并非一件容易的事情。前不久，一家宾馆面向社会招聘服务员，也接受应届大学毕业生。有两个女大学生——娜娜和丝丝得知消息后，也马上前来面试。经过重重考核，宾馆经理觉得她们在各个方面的情况都很相似，诸如都是本科毕业，都是酒店管理专业，也都是年轻美丽的女孩。面对她们，宾馆经理觉得很难定夺，不管留下哪一个，都担心错过更好的而遗憾。倘若把娜娜和丝丝都留下来，则又超出了宾馆的承受能力，平白无故需要多开出一份工资来。思来想去，经理决定留下她们在宾馆实习一个星期，从而可以更加认真细致地观察她们的工作，也对她们的去留进行更好的安排。

眼看着一个星期的实习期就要过去了，经理特意安排娜娜和丝丝分别在相邻的两天轮值。先是娜娜值班，那天有个客人退房，娜娜对客人说：“先生您好，请您稍等一下，我让保洁人员检查一下您的房间，看看您是否有遗漏的物品。”紧接着，娜娜就用对讲机呼叫那个楼层的保洁人员马上去退房客人的房间检查，保洁人员告诉娜娜：“没有客人遗漏物品，卫生间的浴巾少了一条。”这时，娜娜笑着和客人说：“先生您好，经过保洁人员检查，您没有遗漏物品。我们宾馆的浴巾非常好，您真是有眼光，您能喜欢我们的浴巾，这是我们的荣幸。我们也很愿意把浴巾作为纪念品送给曾经光顾的客人，不过需要收取工本费二十元每条。谢谢您的配合。”说完，娜娜就开始为客人办理退房手续，客人此刻拿出浴巾，说：“不好意思，我可能收拾衣服的时候不小心装进来的。我不需要浴巾，谢谢你。”就这样，娜娜圆满地解决了问题。

次日，是丝丝值班。这一天，依然有客人退房，丝丝说：“先生您好，请您稍等，我们必须检查完房间里的东西是否缺少，才能给您办理退房手续。”没多会儿，保洁人员检查之后说房间里少了一条浴巾，丝丝马上一本正经地对客人说：“先生，您是不是拿走了浴室里的浴巾？这个浴巾是我们酒店特别定制的，您必须照价赔偿，按照规定我会从您的押金里扣掉二十元钱。”可想而知，这位客人不但羞愧得满面通红，而且很恼火，他也许再也不会来这家宾馆入住了。

最终，经理轻而易举就作出了决定，即留用娜娜，辞退丝丝。

作为服务业的服务人员，显而易见，丝丝对客人说话时过于生硬直接了。现代社会，没有人穷得会故意偷一条浴巾，而且顾客就是上帝，就算顾客真的特意拿走浴巾，丝丝也不应该直截了当地说让顾客赔偿，否则一旦失去顾客的喜爱，也许宾馆就会为此失去很多生意。相反，娜娜对顾客说话的方式则显得更容易让人接受。她从未指责客户拿走了浴巾，而是站在客户的角度为客户着想，并且对于客户认可宾馆里的浴巾

表示感谢。这样一来，顾客也觉得自己是给了宾馆高看，而并非自己做出了下三滥的举动，居然连浴巾都要偷偷拿走。可想而知，经过娜娜不卑不亢的服务，这位顾客一定还会再次光顾宾馆的。

一直以来，拒绝都不是一件让人高兴的事情。尤其是在众目睽睽之下，拒绝不但会让他人觉得颜面尽失，也会让发表拒绝意见的人感到非常尴尬和难堪。所谓条条大路通罗马，既然直接当面拒绝并不合时宜，那么我们不如以委婉曲折的方式准确表达心意，这样才能让一切水到渠成，顺理成章，也不至于伤害人们彼此间的情谊。

婉拒领导提出的不合理要求

下属经常会遇到这样的情况：领导叫你干一件事，你马上答应了下来，即便这件事本不该你做，或超过了你的负荷。或许是慑于领导的威力，也许是出于其他的某种考虑，你往往不会去拒绝。其实，在工作中，我们应该学会拒绝领导。当然，不同的人，所选择的拒绝方式也会不一样，这也就造成了不同的结果。尤其是拒绝领导，需要更委婉才能达成拒绝的目标。这就需要你掌握一些回绝的技巧和回绝的忌讳，这样才能使自己在回绝之中处于主导位置。

虽然，你在进行职场生涯的过程中，是有权利说“不”，但是你也要有说“不”的能力。这就需要你所选择的回绝理由必须是客观的，所说的言辞要委婉，还需要有一定的实力。总而言之，在拒绝领导的时候，无论是语气还是态度，都应该更委婉含蓄。

快要下班的时候，经理叫住正要出门的小东，吩咐道：“小东，先别走，客户刚打了电话，说晚一点会过来看样品，这个客户很重要，你留在办公室接待一下。”小东有些不耐烦：“怎么又是我啊，每次遇到这种事情都找我，经理啊，下班了我也想多有一点自己的私人时间，你看我都三十岁了，连个女朋友都留不住，她跟我分手的理由就是我太忙了，我就请你高抬贵手，放过我这一次吧！”经理脸色有些阴沉，但还是轻言说道：“毕竟，关于样品的介绍，还是你比较熟悉一点，你做的这份工作就是这样，不要把自己女朋友走了的事情跟工作扯上关系。”

见经理还是要求自己去做，小东索性也冷着一张脸，说：“经理，反正我今天有事情，我真的去不了，你要怎么惩罚我都可以，我走了。”说完，头也不回地走了，只剩下经理在那里张口结舌地站着。

案例中，小东的拒绝算是比较差劲的，可能他是真的有事情，但也不应该以这样的口气与领导说话。这样的拒绝方式，非但不会让领导体谅你，反而会责怪你不服从命令。对每一位领导来说，需要管理的是整个公司，并不只是某一个人，保持自己的权威性对他来说十分重要。

张经理总是喜欢给小娜布置很多的工作任务，这天张经理又在增加工作量的时候，小娜鼓足了勇气说：“我手里有三个大的项目，十个小的项目，我担心时间安排不过来。”张经理一听，脸色马上变了，说道：“可是，这个项目只有你去做我才放心。”小娜只好无奈地表示：“那好吧，我赶一赶。”说完这句话，小娜就后悔了。

看到张经理的脸，一个大胆的念头在小娜脑海中诞生了：“不过，要按时保质完成，我需要几个帮手。”小娜轻描淡写地说，张经理有些惊讶，但马上笑着说：“我考虑一下。”原来，小娜是这样想的，如果张经理答应给自己派个助手，那就相当于变相给自己晋升，自己的工作也就分担出去了；如果不答应，那他也不好继续给自己布置工作任务了。

果然，张经理没有再增加新的工作量，而且经常跑过来关心小娜的工作情况。

在这个案例中，小娜的拒绝方式是成功的，向领导表明自己的难处，受到了领导的理解，当然，在拒绝过程中，也很好地照顾到了领导的面子，从而和谐了上下级之间的关系。张经理在遭受小娜的拒绝之后，他并未对小娜产生反感的情绪，反而经常询问其有关的工作情况。

所以我们在拒绝领导时应该注意以下两点：

1.注意自己的言辞

在拒绝领导的时候，我们特别需要注意自己的言辞，选择一个合适的场合，用友好的语调与其交谈，这让领导感觉到你的尊重，感觉到你是在为他维护权威和形象，他就会觉得你是一个善解人意的员工，也会对你产生一种好感。千万不要用一些直接的语气跟领导说话，这样只会造成争吵，而通常争吵的结果都是自己被降职、炒鱿鱼等不堪的下场。

2.对领导的有效拒绝也是有必要的

在工作中，对于领导提出的不合理要求，许多人都不懂得该如何去拒绝，往往会因为情面等方面的问题而违心地说“是”。其实，这样对双方都不好，事情办不好可能会对对方造成一定的损失，而自己也会给领导留下不好的印象。

当然，没有人喜欢被拒绝，所以，在工作中拒绝不要急切、直接地表达出自己的立场与处境。我们应该掌握必要的沟通技巧，既不伤领导面子，又能婉转地拒绝他人，尽量降低拒绝产生的负面效应。

第 13 章

职场立足不容易，批评他人有技巧

批评他人，首先要尊重他人

在批评他人的同时，还要明白，对方是和你一样的平等独立个体，有着和你同等的受尊重的权利。因此，批评是必要的，但必须要以对他人的尊重为前提。否则你的批评只会成为破坏你人际关系的锐器。

小江早上到公司签到时，把名字签错了地方。负责签到的秘书小朱并没有立马指出他的错误。第二天早上，小江按惯例要签到。负责签到的秘书小朱不动声色地问小江："你的眼镜多少度？"

小江不假思索地说："800度。"

小朱微微地冲小江一笑，没说什么。

小江见状，连忙改口说："骗你的，才500度。"

小朱又一笑，说："那请你签上大名吧！"

小江迫不及待地抓起笔，可是马上又犯愁了，原来自己将名签错了位置：将头一天的签名签到今天签名的地方。小江这时才明白了小朱的用意，并对她报以善意的微笑。

秘书小朱虽然看到了小江的错误所在，但她并没有直言不讳地指出来，而是通过转弯抹角的谈话，让小江自己发现了错误，进而不但起到了"批评"的作用，而且给小江留足了"面子"。让对方在感激之中改正了错误。因此，想让你的批评既有效，又不伤及他人尊严，就要注意以下几点。

1.批评时要顾及对方的颜面

“好面子”是人的天性，因此，批评时为了不伤及他人的面子，可以先创设一种双方都能接受的氛围，如可以先对其进行表扬，等彼此距离拉近后，再进行适当的批评。

2.批评时要尊重对方

批评他人时，要把严肃的态度和尊重对方的人格联系起来，如可以，要选择一些避人耳目的场合，毕竟谁都不愿意在公众场合被他人批评。

3.多进行暗示性批评

多用一些“拐弯抹角”“旁敲侧击”的语言对他人进行暗示批评，这样，既不会伤及他人的尊严，又会让对方自己明白错在那里。

心理学认为，良好的心理情绪对工作、生活起到积极的推动作用。不良的心理情绪则对工作、生活起着消极的阻碍作用。批评者的思想情绪、被批评者的心理素质，以及批评时所处的客观环境等，都能直接影响批评的实际效果。因此，评判他人也要选好时间，切不可不分时间不分场合地盲目进行。

忠言不逆耳，批评上司有技巧

不管上司的职位高低，不管他声称自己如何“闻过则喜”，如果你的批评太过于直接或尖刻，就算是真正的金玉良言，能暂时帮对方，也会引起上司的恼怒。如果你有一些话如鲠在喉不吐不快；如果你想自己的工作变得更顺畅一点，更符合自己的心意；如果你希望上司接受来自你的建议，而不会伤害到你们之间的感情，就要让自己的表述更有技巧一点。

刘军平时工作十分努力并且非常严谨，他的细心勤奋在单位中是出名的，大家都纷纷向他请教秘诀，但是他从不因此骄傲自满，而是很谦虚，非常有风度。一次，领导突然走过来将手上拿着的表格交给刘军看，并对他说："小刘，这个填错了，给人家造成了很大的麻烦，你这样工作怎么能行？"面对领导的质问，刘军一时有些紧张，办公室里的其他同事也都为刘军捏着一把汗。但是刘军看了之后发现领导拿错表格了，这张表的填法并无错误，于是他平静地告诉了领导，领导看后发现的确是自己出了错误，这时办公室里充满了怪异的氛围。大家都看着领导，领导一时有些下不来台，这时刘军说："领导，我听说您最近为单位的事日夜操劳，您要注意身体啊，这张表做得太差了，我都看不清，更别说您了。"这时领导脸上露出了喜色，尴尬就这样轻松化解了。

俗话说"得饶人处且饶人"，谁都不想被逼得太紧，所以我们要懂得站在他人的角度考虑问题，体现自己知性的一面。在与同事、上司的相处过程中，要知道什么是应该去争取的，也应该知道什么是一定不要去做的。尤其是与上司的相处过程中，一些交流上的问题是一定要引起注意的，因为这是给自己铺设前途的重要途径，这样的问题体现在很多方面，例如，在上司下不来台时，一定不能继续咄咄逼人，要给上司台阶下。

讲究批评的技巧，把握批评的时间、地点和方式，这会使你的"劝谏”之路更顺畅一点。对此，我们可以采取这样的方式：

1.私下批评

背地里不要和其他人议论上司的过失，否则有一天这话一定会传到对方耳朵里。批评一定要面对对方，而且最好在只有两个人的场合下说，可以照顾到对方的面子，私下当面和上司讨论他的不足之处，即使对方不高兴，也很少可能给你难堪。

2.以关心代替批评

在某些事上，比如，迟到、明知道错误的决定还要执行等，极可能是因为上司有不可对人言的苦衷。无论是上司还是公司的最高领导，都不可能真正按照自己的意愿行事。在批评上司之前，不妨先从对方的角度想想，为什么他要那样做，有没有什么难言的苦衷或者不能向大家透露的隐情。在此种情况下，即使领导明知道某行为不当，其不良后果也可预见，但还是要执行，这就没有必要批评他，关心反而更容易被对方接受。

3.旁敲侧击

把批评变成一种提醒或建议，更容易被上司接纳。因为从上司的角度出发提醒或建议的方式比较温和，更能照顾对方的自尊，往往容易被上位者接受。

李女士是经理助理，她的上司王经理是搞技术出身，对管理却一知半解，他总喜欢直接插手技术部门的事，却对其他问题视而不见，搞得公司员工怨声载道。

李女士决定向王总提一些建议，于是她侧面提醒道：“领导权威包含着技术权威和管理权威两个层面，王总的技术权威牢固树立，而管理权威则有些薄弱，有待加强。”王总听后，果然把更多精力用在管理上，公司氛围也协调了起来。

这种不直接批评其把公司管理搞得混乱，而是侧面提醒对方的方式，往往因其温和而引人思考，更能引起对方的重视。

4.维护上司的自尊和利益

批评最终一定是为了对方好，对方才更乐于接受，从对方的角度出发提出批评，维护上司的权威和利益，上司才更容易接受。但批评语中最好不要出现“我是为了你好”之类，而是暗示对方“这样更能节省时间”“更明智的做法是”“这样大家都会更佩服您的”，然后征求上司的看法：“您看呢？”让上司决定是否接受批评或建议，把决定权放在他手中，才更容易被他接纳。

批评上司，不仅需要勇气，更需要技巧，尤其来自女性的批评，更不容易被接纳，只有在融洽友好的氛围中，从真诚帮助和支持领导的角度出发，才更容易保持感情融洽的沟通。

因人而异，批评下属讲方法

不同人因为生活经历、文化程度、性格特征、年龄性别的差别等，对于批评的承受力和接受的方式会有很大的不同。对于同样的批评，不同人有不同的心理和行为反应方式，比如，有些人可能会对直白的批评难过但接受，有些人则怨恨，更有甚者产生逆反心理，反而一定要逆着做事，针对不同的批评对象，不同人的性格及修养，应采用不同的批评方式。

根据对批评的不同反应，可以分为：迟钝型反应者、理智型反应者、敏感型反应者和强个性反应者。应对不同的类型，应采用不同的方式，或直接严厉，或委婉含蓄，或模糊带过，不一而足，才能被人接纳，有助于其成长。

1.迟钝型反应者

这种人思想比较麻痹，即使受到批评了也满不在乎。可采取警示批评法，即警告对方可能出现的后果和因此而受到的惩罚。对错误的严重性认识越明确，越能触动到对方在乎的东西，如自己的面子、利益等，对方越容易接受和改正错误，找准对方的触动点是关键。

2.理智型反应者

其受到批评时会感到有很大的震动，能坦率认错，从中吸取教训，属于“闻过则喜”型。对于这种人可以采取直接批评法，开门见山，一针见血地指出对方的缺点错误，他往往不会感受到言辞激烈或者过于难堪突然，只会认为上司直率有诚意，反而愿意为之效劳。委婉一点效果也好，过于晦暗或含沙射影往往被对方反感。

3.敏感型反应者

这种人感情脆弱，脸皮薄，爱面子，难以承受批评斥责，批评会让他们神志恍惚，甚至意志消沉，一蹶不振。对于这种下属，可以采用委婉、暗示或鼓励的方式，考虑到对方的承受能力，可采取渐进式批评，即分几次一步一步指出被批评者的缺点和错误，让其由浅入深地提高认识，以此避免对方陷入消沉。

4.强个性反应者

其自尊心强，个性突出，“老虎屁股摸不得”，好冲动，心胸狭窄，自我保护意识强，明知有错，也死要面子。受不了当面批评，不会轻易改正其缺点，逆反心强，受到批评会反其道而行。

对于这类下属最好采用模糊警告的方式点出问题，比如，在会上“点事不点名”地进行批评，如，“最近一段时间，我们单位的纪律总体是好的，但也有个别同志表现较差。有的迟到早退，也有的上班的时间玩游戏……”用“有些人”“个别人”“有的”既能指出问题，又维护了对方的面子，可以使对方受到震动，更有利于其改正。

或者用商讨的方式让其自己认识到错误，即用商量、讨论的方式平心静气地将正确信息传递给被批评者，让其认识自己的错误，使其感受到平等、商讨的气氛，这样更能满足对方的“自尊心”，消除抵触情绪，有利于其虚心接受意见。

对于因经历浅薄，自我意识较差的刚入职者宜采用参照式批评，借助别人的经验，婉转指出对方的缺点错误，更有利于其提高；对于性格内向，善于思考，较成熟的下属，可以通过提问的方式将批评的内容传递给对方，让他通过自己的思考，进一步认识到错误，自觉更正。

除此以外，面对较强势或自尊心强的下属，对方的自尊要首先顾虑到，采用沉默式批评，或委婉地旁敲侧击会有更好的效果。

批评显善意，让下属心怀感激

对于每一个领导来说，批评是一种必要的强化手段，批评与表扬是相辅相成的。批评也要讲艺术性，批评本身是一种指责，如果运用不当，下属就只会记住你的批评而不是自己的错误。作为一个领导，你应该尽量减少批评带来的副作用，尽可能地减少下级对批评的抵触情绪，来达到比较理想的批评效果。但在某些领导看来，批评就是全盘否定，只看到别人的缺点，忽视其优点。

史金纳教授提出了自己教学的基本观点——用激励代替批评。他是伟大的心理学家，他用动物和人的实验来证明：当减少批评，多多激励对方的时候，他所做的好事就会增加，而那些比较不好的事情就会因为受忽视而逐渐萎缩。激励富有一种强大的力量，它可以让人重新改变自我，发愤图强，把自己的所有精力投入到工作之中。所以，领导在面对下级出现的一些小问题、小错误的时候，批评下属要尽显善意，少一些批评，多一些激励，这样才能够让他全身心地投入到工作中，而那些他身上的小问题、小缺点就会因为你的忽视而逐渐消失不见。

很多年以前，一个十岁的小男孩在一个工厂里做工。他从小就喜欢唱歌，并且梦想着当一个世界闻名的歌星。当他遇到他的第一位老师的时候，他满怀自豪地把自己的梦想告诉老师。可是老师非但没有给他鼓励，反而使他泄气，老师表示怀疑地说：“你根本不适宜唱歌，你五音不全，简直就像是风在吹百叶窗一样。”

他很伤心地回到家里，但是他的母亲——一位穷苦的农妇对此不以为然，她亲切地搂着自己的孩子，激励他说：“孩子，你能唱歌，你一定能把歌唱好。瞧，你现在已经有了很大的进步。”于是，母亲在生活中节省下每一分钱，送她的儿子上音乐课。正是这位母亲的嘉许，给了孩子无穷的力量，也从此改变了他的一生。他的名字就叫恩瑞哥·卡罗素，他成为了那个时代最伟大、最著名的歌剧演唱家。

母亲的激励与老师的批评形成了鲜明的对比，显然，母亲的激励是善意的；而老师的批评虽然说不上恶意，但刺伤了小男孩幼小的自尊心。如果这位小男孩没有得到来自母亲的激励与赞许，只是沉浸在那位老师无情打击的痛苦中，那么，这个世界上也许就失去了一位著名的歌剧演唱家。

在工作中，领导应适当表露自己的善意，对下级少一分指责，多一些嘉许，这样不仅让事情做起来得心应手，也会给予对方愉悦的心情，又何乐而不为呢？领导不应该怀着自己的私心或自己对某些事物不感兴趣，就对他人的行为采取贬低或者批评的态度。少一些批评，多一些激励，也许就是你那一句微不足道的激励，就给了那些需要动力的人以无穷的力量，给那些身处逆境的下属奋勇向前的信心。

那么作为领导者，我们要如何正确地批评下属呢？

1.以激励代替批评

世界上拥有巨大成就的伟人，他们或多或少都是因为来自身边的人一句激励的话语，所以才会取得举世瞩目的成绩。没有爱迪生母亲对儿子孵鸡蛋的行为的肯定与赞许，也许爱迪生就没有今天的辉煌成就；英国作家韦斯特若没有得到老校长的激励，可能就没有今日无数本畅销书，英国文学史上就缺少了不朽的一页。在生活中，给对方多一些激励的话语，少一些批评的话语，这样才能激发他人的内在的潜能，令其更好地为工作效力。

2.启发式批评

批评的目的就在于下属能够认识自己所犯的错误，并且能够及时改正。而要想使下属从根本、从内心认识到自己的错误，这就需要你从深处挖掘错误的原因。“晓之以理，动之以情”，你要用一些富有深意的话语慢慢启发他，循循善诱，帮助下属认识并且改正错误。

3.警告式批评

如果你的下级所犯的错误并不是原则性的错误，或者没有在犯错误的现场，作为领导，你就没有必要“真枪实弹”地对他进行严厉的批评。你可以用比较温和的话语，只是巧妙地点出问题所在；或者用某些事物进行对比、影射，只要点到为止，对他起一个警告的作用就可以了。

其实，从批评所达到的目的来说，我们可以把批评当作是提醒和激励，而不是去否定一个人。尤其是对于领导来说，自己对下属的批评要尽显善意，在坚持原则性的基础上教育几句就行了，千万不要言辞刻薄，恶语相向，如此，下属才能接受你的批评，而且，在接受的同时，他们还会对你充满莫大的感激。

批评有根据，不可捕风捉影

作为领导，我们本应该谨言慎行，尤其是在批评下属的时候，说话需要有根据，在没有调查的情况下是不可以随意批评下属的。一个人在生气的时候，很容易说出一些难听的话语，而这些话就犹如泼出去的水，无法收回。领导讲话不能只顾一时痛快、信口开河，有一点点风吹草动就认定是下属犯了错误，急忙展开批评，等到事情结束了，才发现原来自己误会了下属，到时候，领导的脸面可就没处放了，而且，也破坏了原本与下属的和谐关系。一个领导的言行彰显着一定的领导魅力，所以一定要谨言慎行，在自己没有判断清楚的时候，那些捕风捉影的话千万不要乱说。有时候，在日常工作中，我们常常见到有些领导，事先不调查，不了解，只是凭一些道听途说，或者只凭自己的主观猜测，就开始批评下属，结果造成说话没有可信度，还有可能给话题中涉及的某人带来一些意外的伤害。

在批评下属的时候，领导讲话一定要有理有据，不能光靠自己的耳朵听到了，就以为是真的，心里承认还不要紧，还要摆出来说，那就显得很没有分寸了。领导讲话代表着一定的权力和威信，很多时候，你只凭自己的主观臆断就开始捕风捉影地说开了，这样只会使下面的人深信不疑。当事情的真相出来了，结果跟你认为的差之万里，到时候你就会为自己的错误判断付出代价，你作为领导的可信赖度严重降低，还会间接地损害你的形象。对于自己还不是很清楚的事情，千万不要捕风捉影，妄加推测，一定要讲求事实依据才能批评下属。在没有任何根据下就开始大发言论，只会让自己陷入窘境。

小丽是部门里出了名的能干，在领导王科长看来，她根本不像一个女孩子，做什么事情都风风火火，浑身上下一股子男孩子气。最近，小丽因为工作需要，与公司另外一个部门的领导走得很近。由于平时小丽表现很优秀，办公室里的同事对此都很妒忌，于是，源于嫉妒之心的风言风语流窜开来。

这天，王科长无意间听到了办公室里的风言风语，吓了一大跳，心想：坏了，这小丫头可给我惹麻烦了，我得好好说说她。于是，回到了办公室，王科长还没坐下，就给小丽打了个电话，小丽急匆匆地跑来："王科长，什么事？"王科长有点生气："小丽，你平时表现很优秀的，上面的领导都很重视你，可是你，你太让我失望了。"小丽感到一阵莫名其妙："我怎么了？"王科长放低了声音："你作为科室人员，还是需要注意自己的形象，不要与别的部门里的人暧昧不清，人家都是有家室的人了，我想你应该比我更清楚这件事的严重性。"小丽听了，恍然大悟，开始为自己抱不平："我以为什么事情呢，原来是这件事，王科长，别人这样说，我不感到奇怪，可你也这么认为，就有点意外了，我跟那位领导真的是因为工作伙伴，我们之间能有什么？"说着说着，小丽的脾气也上来了，"这么着急地把我叫来，王科长你的话也太捕风捉影了吧，自己都没仔细调查，怎么就这样说我？"说完，小丽气冲冲地离开了办公室。王科长想了一会儿，也觉得自己的行为欠妥。

在案例里，王科长作为领导，仅凭着办公室里的风言风语就对下属小丽进行了批评，如此的批评是没有任何根据的，也难怪小丽会觉得不服气。俗话说："没有调查，就没有发言权。"王科长并没有去了解事情的真相，而只了解了事情的表面，甚至就是道听途说，就发表了自己的意见，所造成的结果是：批评了不该批评的下属。对于领导来说，表扬和批评都是管理的手段之一，运用得好会使我们的管理工作事半功倍，但用得不好就会出现尴尬的局面。因此，领导在批评的时候需要慎重，要在原原本本地了解整个事情的基础上，经过深思熟虑，然后再作出客观的评价。

如果下属在某些地方犯了错误，领导批评的方法和态度都很重要，但最基本的还是事实准确与否，有无出入，该不该这位下属负责。有的领导事先调查不够，事实真相与得到的情况有所差异，如此一来，被批评的下属就会感觉到很难受；还有的领导，仅仅凭着有人打的小报告，就以此为据，大加批评，那就更难以服人了。所以，领导在批评下属的时候，要弄清楚事实，说话有所根据，责任要分清，如此下属才会信服。

那么，在实际工作中，领导该如何做到批评有根据呢?

1.批评要坚持唯实的原则

针对下属所犯下的错误，领导应从实际出发，弄清事情的本来面目，找出问题的原因，合理地分清责任，这样的批评才有理有据，既不夸大，又不失察，下属自然会心服口服了。在日常工作中，上级批评下属，或否定下属，必须以事实为依据，不能随心所欲，更不能以感性代替原则。

2.勿以势压人

领导批评下属的时候，要在平等的气氛中进行，这样才容易被人所接受。如果领导摆出一副居高临下、盛气凌人的姿态，下属不服就用自己的气势压服，动不动就说："是我说了算，还是你说了算？"或者是给对方下最后通牒："你必须按我的说的去做，否则你自己走人。"这样的话，就很容易激起对方的逆反情绪，对方可能也会想，我为什么一定要听你的?或者有的下属不服气地反过来说："悉听尊便，你请吧，我才不怕呢！"你这样的批评方式根本解决不了问题，结果反倒是逼而不从，压而不服，激起下属的反抗情绪。

3.勿要“鸡蛋里面挑骨头”

下属犯了错误，适当地批评是很有必要的，但是不要随便一件事情都要批评。对于那些鸡毛蒜皮的小问题、小毛病，只要是对大局没有造成大的影响的，领导应当采取宽容的态度，切不可斤斤计较、过于挑剔。如果你采取这样的做法，只会使下级开始谨小慎微，让他无所适从，甚至在他的心里还产生了“不求有功，但求无过”的想法，对于今后的工作也会造成不良的影响。领导对于有的事情，只要指出对方的过错就行了，不要“鸡蛋里面挑骨头”，全盘否定他的成绩。

适度自我批评，讲讲自己犯的错

古语说：“正己才能正人。”对于领导者来说，在下属犯错的时候，需要先作好自我批评，再批评下属才能奏效，而在自我批评时，领导者需要叙述详细，犹如讲故事一样娓娓道来，这样才能让下属感受到你的诚意。

许多领导认为，下属犯了错，自己完全可以脱得了干系，于是乎，他们只顾着批评下属，而浑然忘记了自己是下属的上司。在营救驻伊朗的美国大使馆人质的作战计划失败后，时任美国总统的吉米·卡特在电视里郑重申明：“一切责任在我。”当时，仅仅因为这句简单的话，卡特总统的支持率上升了10%。或许，这其中的原因谁都能明白，一个敢于自我批评的人无疑是值得尊敬的。而且，从说服力上面来说，作为领导者，即使下属所犯的错误真的不是自己所为，但自己作为上司，有着不可推卸的责任，因此，在这时候，需要拿出领导者应有的风度与涵养，先作好自我批评，再批评下属，这样，你的话语会更有说服力，与此同时，下属也会意识到自己的错误。

俗话说："金无足赤，人无完人。"谁都难免会犯一些小错误，作为上司，我们应该宽容下属所犯的错误，当然，这样的宽容并不是毫无原则的纵容，而是在心理上与下属站在一起，告诉下属"这件事情，我也有责任"，并且详细叙述自己过错，从心理上缓解下属的恐惧情绪，让下属感觉到，自己并不是一个人在承担责任，领导也站在自己这一边，这样想来，下属更容易看清自己的错误。同时，领导率先作自我批评的时候，其实是在下属面前树立了一个敢于承担责任的榜样。我们来看下面一则故事：

有一家空调制造厂，因为员工一直完不成定额，主管非常着急，他已经用尽了所有的办法，说了好话，又是鼓励又是许愿，甚至还采用了"完不成定额，就走人"的威胁手段，可是还是没有一丝的效果，而他只好向总经理作了如实的汇报。

这天，总经理在主管的陪同下，将大家召集到了一起，然后对大家说："我很不幸地告诉大家，因为厂子总是完不成定额，我们已经失去了很多客户了，而现在，厂子效益差，可能经营不下去了，可能有些人已经知道消息找好下家了。我今天来是向大家道歉的，大家跟着我这么多年，辛苦了，都是因为我经营不善、管理不当，如果我早早地就有风险防范意识，多找路子，就不会这样。"说完，总经理深深地鞠了一躬。

大家听完总经理的话，羞愧地低下了头，每个人心里都清楚，问题的原因在自身，而不在总经理身上。从这天之后，大家都不约而同地努力了起来，产品的产量也得到了很大的提升。

案例中的这位总经理就是个善于教育下属的人，在面对下属怠工的情况下，他并没有直接批评，而是把责任归结到自己身上，对于他所说的这个“忏悔的故事”，很明显，是为了让员工认识到自己的错误，进而调整工作状态，努力工作。

美国田纳西银行前总经理L·特里曾说：“承认错误是一个人最大的力量源泉，因为正视错误的人将得到错误以外的东西。”虽然，下属有了过失，但同时，处于指挥和监督岗位的领导也有不可推卸的间接责任。下属犯了错误的时候，如果领导像没事一样，盛气凌人，只把下属批评一顿，却不肯承担自己的责任，好像自己永远是正确的。那么，下属就会有自己在领导心目中一无是处的委屈之感，虽然，他们表面上并没反驳什么，但心里会耿耿于怀，乃至成为领导工作的对立面。所以，在批评下属的时候，领导者应先自责，进而再指出下属的错误，使下属有与领导共同承担责任之感，使其产生愧疚之心。那么，在以后的工作中，下属定会尽心尽力，付出自己的所有。

第 14 章

职场说话有禁忌，早点知道早受益

别当职场“大嘴巴”

现代社会，生存压力越来越大。很多职场人士在高压之下，变得牢骚满腹，早已失去了潜心做事的动力。他们就像祥林嫂一样，逢人就说，见人就倾诉。这样的职场人士，无疑已经成为职场中负能量的来源，是任何一个单位都不想留的。尤其是需要加班时，很少有人能心甘情愿。然而，抱怨并不能帮助他们改变现状。其实，与其抱怨，不如想一想如何改变现状。从某种意义上来说，抱怨既是对老板的宣战，也是对自己的出卖。既然不想换工作，或者还没有想好怎么办，为何不先冷静下来呢？负面情绪的逐渐积累，只会让职场生活更加艰难痛苦。

职场中还有另一种“大嘴巴”，比抱怨更加可怕。如果说抱怨出卖的是自己，那么这种“大嘴巴”则会给他人带来无尽的烦恼。无论在生活的哪一个角落，总是不乏好事之人。他们时刻瞪大眼睛盯着别人，生怕错过任何新闻。他们还很喜欢散布流言蜚语，每天忙着搜集小道消息，然后再把它们散播出去。古人云，谣言止于智者。毫无疑问，这样的人不是智者，而是蠢货。在诉说别人的长短时，他们眉飞色舞，添油加醋，一副不怕把事闹大的样子。实际上，在给别人带来无尽困扰的同时，他们自身也成为了受害者。要知道，世界上绝对没有不透风的墙。

你今天说的话，也许不知道哪一天就被传到了当事者的耳中。而且，作为谣言的传播者，你自然难逃其咎。这种情况下，如果当事人对你怀恨在心，自然有你的好果子吃啦。很多人在职场上各个方面的表现都不错，却始终得不到晋升，而且得不到领导的器重，这是为什么呢？因为人品，因为“大嘴巴”，因为不够严谨，这些细节都会影响一个人的职业命运。遗憾的是，很多人至今依然没有意识到这个问题的严重性。

亚楠刚刚大学毕业，在一家广告公司工作。一个周末，她逛街的时候偶然看到领导正在陪同一位公司的女性客户逛商场，马上展开无边无际的想象力，在脑海中将前后情节恶补了一番。也许是日子实在过得太悠闲吧，不等到周一上班，亚楠就打电话把这件事告诉了公司里最要好的同事彤彤。尽管亚楠千叮咛万嘱咐，让彤彤不要声张此事，然而，周一来到公司打卡时，亚楠才意识到一切都有些异样。

没过一个星期，亚楠就收到了领导的电子辞退函。在这封辞退函的结尾处，领导说：“小姑娘，你的社会经验还太少。虽然你很善良，但是以后千万不要再成为躺着中枪的人。你所信任的人，也和你一样把很多事情告诉她所信任的人，就这样，谣言一传十，十传百。不但对当事人造成困扰，也破坏了公司良好的工作氛围。记住，谣言止于智者。”即使再傻，亚楠也知道发生了什么事情。然而，她有苦难言，只得乖乖收拾东西走人。直到几个月之后，她才找到新工作，这次“大嘴巴”给她的教训无疑是惨痛的。

作为一个刚刚毕业的大学生，亚楠显然缺乏自我保护意识。她原本以为只是简单的朋友间的分享，却没想到一夜之间，彤彤就使她变成了那个散布谣言的始作俑者。我们可以想象，在未来的职业生涯中，亚楠一定不会再犯这么低级的错误。

人是群居动物，每个人都有社会属性。然而，人又是极具个性的，每个人都有自己对生活和工作的追求。不管什么时候，我们关注的重心都应该是自身，对于他人的事情，我们可以看看听听，但是最好不要随意发表评价。尤其是在现代的网络社会，很多爆炸性的新闻几乎在几分钟内就可以传遍整个区域，这就是为什么网络主管单位要限制人肉搜索。毕竟，人与人之间无法赤裸相见，只有距离才能产生美感，也才能使情谊保持长远。因此，在职场之中，如果你遇到“大嘴巴”，又不好意思拒绝他的喋喋不休时，最好的办法就是视若未见，听若未闻。只有彻底忘记这些无关紧要又很容易兴风作浪的花边新闻，你的生活才能多些平静，少些波折。

关于是非长短，古人曾经留下谏言：“来说是非者，即是是非人。”这句话的意思是，聪明的人肯定知道，那些传播是是非非的人，本身就是多事之人，不可信，也不足取。如果你“大嘴巴”时不幸遇到了这样的智者，岂不是偷鸡不成反蚀把米吗？真真是赔了夫人又折兵。舌头虽然只有三寸，却能掀起滔天巨浪。只有管好这三寸之舌，我们才能从容生活，坦然应对是是非非！

不要在背后议论他人

常言道，谁人背后不说人，谁人背后无人说。这句话充分表现出，人们作为群居动物，总是这样不断地彼此议论，或者是赞赏的，或者是贬损的，也有不咸不淡的。人有弱点和不足，是再正常不过的事情。人，既是群居动物，又从不整齐划一。大多数人都有自己的个性，正如有一位名人所说，这个世界上绝对没有两片完全相同的叶子，也没有两个完全相同的人。如此一来，每个人都成为独立存在的个体，每个人都有自己鲜明的性格特征和兴趣喜好。那么，这样棱角分明的人们在一起相处，摩擦和碰撞就成为常态。也因此，有些人总是喜欢某一类人，有些人则总是看到某些人就觉得厌烦，不愿意与之相处。前一种情况还好，也许就会皆大欢喜，后一种情况则有些麻烦，毕竟当你不喜欢别人时，尤其是当你不得不和自己讨厌的人相处时，你就会发现他的很多缺点。如此一来，抱怨日积月累，你很容易就会在背后说这个人的长长短短。俗话说，世界上没有不透风的墙。当这些话传到当事人耳朵里，你也许就会成为罪魁祸首，如此一来，你单方面的厌恶就变成了你们彼此之间的相看两厌，再无和谐相处的可能。

从客观公正的角度来说，不管我们是否喜欢一个人，我们都不应该在背后说人的闲话。所谓闲话，真的是非常到位地指出了在背后说人长短的无聊程度。也许只有闲得无聊的人，才愿意对人进行这样的评价。然而现实情况让人遗憾，很多人并不闲，却非要忙里偷闲，挤出时间来议论他人。这不得不说是一个极大的缺点。正是因为有了这些人的存在，才会谣言四起，让世界都不得安宁。

一切力都是相互的，人际之间的相处也是如此。例如，你对待别人是什么态度，别人也必将回报你什么态度。举例而言，假如你面对他人的短处，能够坦然，不要大惊小怪，甚至能够容忍，那么，他人也一定会非常友好地对待你。相反，如果你对他人吹毛求疵，那么他人也必然处处看你不顺眼。常言道，多个朋友多条路，多个敌人多堵墙。如此看来，我们必须调整好自己的态度，端正待人，千万不要在背后议论他人，导致事与愿违。也许有人会说，我并没有在背后议论他人，只不过在有人议论他的时候，我参与发表了意见。这岂不就是典型的在背后议论他人么！虽然你不是话题的挑起者，但是你是煽风助燃者。聪明人在听到有人背后议论别人时，一定会听若未闻，或者适当地灭火，而不会让事态愈演愈烈。

作为实习生，默默特别想留在这家公司。然而，公司里有八名实习生，只有两个留下来的名额。为此，大家每个人都铆足了劲，想要留下。默默不是这些实习生里最优秀的，当然，也不是最差的。正因为如此，她感到更大的压力。毕竟，最优秀的一定能够留下来，最差的留不下来也无所谓。只有这样的中间水平的实习生，才要努力博弈。默默的想法很简单，尽最大的努力，顺其自然。

周一的早晨，大家在经历周末的休养生息后，全都精神抖擞地来到公司。这时，小米和艾艾故作神秘地喊默默去咖啡间。默默很纳闷，这一大早晨就要喝咖啡吗？进了咖啡间，默默才知道原来小米和艾艾正在策划一件事情。原来，周末逛商场时，小米意外地撞见同为实习生的宁宁居然和公司的一个中层领导手挽手地在买东西，一看就是非同寻常的关系。两个留任公司的名额那么宝贵，如此看来，宁宁也许已经通过领导上位啦！这让小米和艾艾惊讶不已，也非常着急。她们决定以照片为证，向上级领导反映这件事情。她们想让默默也参加，然而，默默摇摇头，说：“我觉得咱们就做好自己该做的吧！”看到默默不感兴趣，小米和艾艾又拉拢了另外两名实习生，一起联名给上级领导发了邮件。

没几天，这些实习生全都被叫去谈话，提前结束了实习生涯。出乎默默的意料，只有默默被留了下来。后来，领导才说："一个团队，最重要的就是团结。不管出于什么目的，上级不会容忍团队的成员彼此之间钩心斗角，采取不正当的竞争手段。默默，你明哲保身的做法是对的。希望在日后的工作中，你依然能保持这种单纯的状态，一心工作，你一定会前途无量的。"

因为参与了小米和艾艾的揭发计划，其他的几名实习生也受到牵连，被提前结束实习期。在这件事上，默默的想法其实非常好，正符合古人的"以不变应万变"。其实，平日里看似高高在上的领导，也是非常为难的。因为他们不但要协调好团队成员之间的关系，还要搞好人际关系。因此，他们最不能容忍的就是团队成员之间钩心斗角，彼此诋毁。作为一名职员，我们首先是要做好自己的分内之事，唯有如此，才有可能有朝一日实现自己的梦想，也成为中高层的管理者。

只要别人没有伤害你，你无论如何也没有理由在他人背后说三道四。尤其是在职场上，一定要搞清楚公私之间的关系。所谓同事，只要能够实现工作上的默契配合即可，我们没有权利对他人的私生活指指点点。如果能够意识到这一点，同事之间的关系就会简单许多。

交浅言深，是职场人士的大忌

何为交浅言深？顾名思义，就是交情很浅，说话却过深，过于掏心窝子。人与人之间的关系有很多种，最简单的就是按照交情来划分。

很多人只有一面之缘，交情自然很浅。有些人是骨灰级的闺密或者哥们儿，那是至交，是知己，自然无话不谈。还有些人虽然常常打交道，诸如同事关系，看似亲密无间，实际上只是客套的人情，根本谈不上真正的交情。针对于这些不同的交情，我们最该引起足够重视的就是同事关系，或者与之类似的关系。对于一个初次见面的陌生人，我们很少与人交心。对于有着几十年交情的好朋友，说什么话都不为过。唯独对于这第三种人，看似每天都打交道，彼此间也非常客气，却最容易越过情分，说出不该说的话来。尤其是在职场上，交浅言深是大忌。

偏偏就有那么一些人特别热心肠，看起来是个老好人，不管谁有事情他们都会插几句话，甚至插手帮忙。虽然这种人乐于助人，却也常常因为不把自己当外人，说起话来不知深浅，最终既劳心费神，又得罪了他人。大家都知道职场上的同事关系是最微妙的，特别是在一些大公司，很多职员都有很深的资历，之间的关系错综复杂。在这种情况下，如果有个不明就里的同事，上来就劈头盖脸地逮着人或事进行一通评论，那么早晚会祸从口出，得罪人了自己都不知道，必然影响职业生涯。

小蔡刚刚大学毕业，这是他的第一份工作。由于刚刚从象牙塔里走出来，初入职场的小蔡似乎显得呆头呆脑的。这份工作是父亲为他托关系找的，公司很有背景，因此像小蔡这种菜鸟进来，难免会被很多老职员排挤。为此，小蔡尽管进了大公司，却依然觉得很苦恼。又因为父母都不在本市，他就觉得更孤单啦。

在办公室冷漠的同事关系中，小蔡唯独对尹平有好感。原来，尹平是个热心肠，看到小蔡每天孤孤单单的，就经常帮助小蔡，指导小蔡工作。为此，小蔡一直想感谢尹平。一个周五的晚上，小蔡加班之后，恰好看到尹平也在，就坚持要请尹平吃饭。这次吃饭，小蔡和尹平喝得都有点多。小蔡郁郁寡欢，喝多了就开始发牢骚。看到小蔡伤心的样子，尹平只得尽力安慰。也许是因为许久没有发泄了吧，小蔡居然说了很多主管的坏话，这让尹平很惊讶。

眼看着小蔡的试用期要到了，主管找到尹平，想看看他对小蔡的评价。尹平这时恰逢要评选优秀员工，必须获得主管的投票和支持。为此，他和主管说："小蔡这个小伙子倒是蛮不错的，工作起来也挺拼。唯独有一点，我觉得员工一定要支持自己的领导，尤其是直属上级的领导。就像我对您吧，肯定是没得说，您的一切决议我都坚决拥护和支持。不过，小蔡就不一样了，他可能对于现状还是有些不满的，也许是因为刚毕业，也比较有个性。"尹平的话，让主管有些犹豫，对小蔡产生了一些想法。最终，主管建议经理不聘用小蔡，就这样，小蔡只得在试用期满走人了。

在这个案例中，小蔡原本是可以留下来的，错就错在他对尹平交浅言深，让尹平知道了他的一些想法。其实，这样的事情在职场中非常常见。尤其是应届大学毕业生，往往没有什么工作经验，在遇到委屈的时候，一旦有人稍微对他好一些，他马上就会把对方当成是自己人，什么话都敢往外说。这是职场的大忌。说白了，尹平对小蔡比较照顾，一则是因为尹平是个热心肠，二则也有可能尹平希望为自己拉拢人心，以备将来不时之需。这样的局面，是小蔡根本没有看透的。

说到这里，也许有人会很烦恼：那我究竟要如何与人相处呢？其实，职场中的相处也很简单——只把他人当成同事，不要随随便便就把他人当成朋友。常言道，路遥知马力，日久见人心。朋友，并非简单说说就可以一见如故的，更不可能马上就坦诚相待。在职场上，我们一定要分清工作与私事，也要分清同事与朋友，这样才能谋求长远的发展。

不要随意与领导谈论同事的事情

在日常工作中，作为下属，我们还需要注意的是：不要随意与领导谈论同事的事情。即便是要说，也一定要说同事的好事，如赞扬同事的工作能力，这样反而会让领导觉得你是一个人际关系处理不错的人。反之，如果你在领导面前搬弄同事的是非，或无中生有地谈论同事的缺点和不足，那你给领导留下的印象就是“小人”，因为你所做的行为是小人才有的动作，在以后的工作中，领导也不会愿意与你过多接触，更不愿意听你说那些乱七八糟的事情。在工作中，我们与同事、领导的亲疏距离是一样的，与同事是竞争关系，与领导是上下级关系，我们与同事都是直接受领导管理。在这样一种错综复杂的敏感关系中，你若是随意与领导谈论同事的某些事情，那只会给自己的职场前途搬来了一块绊脚石。

这天中午，小张去办公室向经理递交文件。就在经理正在看文件的时候，小张随口说了一句：“最近也不知道小李怎么了，工作也没精神，今天早上竟然破天荒地迟到了。”经理头也不抬，应付道：“估计是他自己出什么事情了吧，调整调整情绪，应该很快就会恢复正常工作的。”

小张听了经理的话，并没有停止说话，而是越说越起劲："也不知道出什么事情了，好像我听说是跟女朋友闹分手，其实我们一起工作一两年了，我也多多少少了解他跟他女朋友的情况，两人大学就开始好上了，但大学毕业后，现实问题就摆在了面前，房子、车子、钱，这些都是问题。小李跟我一起进的公司，那会儿跟他女朋友感情还很好呢，结果不到半年，就听说有个富二代在追他女朋友，刚开始，他女朋友坚定拒绝，可后来，兴许是被这个世界迷惑了，竟然决定要和小李分手，这不，小李这两天正痛苦着呢！"

经理已经看完了文件，签了字，但他又注意到小张所说的话，经理似笑非笑地看着小张："看来，你在办公室人缘不错嘛，同事的事情你都弄得一清二楚。"听到第一句话的小张还笑呵呵的，但听到第二句话，他脸红了，这才意识到自己不该在领导面前说小李的这些事情，现在，领导算是对自己有看法了。

通常情况下，那些随意说同事私事的下属，在领导面前，无非只有两个标签：说三道四、不可靠。如果你连自己的工作都没做好，就去说这些事情，那领导更有理由责怪你："不好好工作，却在乱嚼舌头根子。"到时候，只会让领导心生厌恶。

那么为什么我们不能说同事的事呢？

1.领导比你更睿智

对于领导者来说，处于这样的身份，他看什么问题，做什么事情，都是高瞻远瞩的，极具长远的目光。因此，对待手底下的职员，他能够很好地看清楚一个人，他的眼光比一般的人更长远，更深刻。如果他真的需要了解同事的一些情况，聪明的领导都会自己观察，而不需要任何人在自己面前说，如果你一厢情愿地觉得在领导面前说同事的事情，这是在向领导提供有用的信息，那你就大错特错了。

2.领导并不欣赏喜欢乱说是非的人

通常来说，领导者并不欣赏那种在工作时间嚼舌头的下属，如果领导想知道某位同事的情况，并想通过你侧面了解，他自然会主动向你询问，但他一般不赞成你主动找他说起同事的一些事情。作为下属，我们应该做好下属应该做的事情，说下属应该说的话，领导询问，你就实话实说；若领导没问，那下属也就没有必要主动开口说。

3.不管是同事的好事还是坏事，请三缄其口

所有关于同事的一切，不管是好事还是坏事，都不需要在领导面前随意说起，即便是领导问起来，作为下属，我们也不要夸大其词，只是实话实说就行了。因为你所说的都是同事的事情，毕竟你不是同事本人，许多事情你也不清楚其中的内幕，在没有任何根据的情况下，你在领导面前去说这些话，会对自己很不利。一方面领导会觉得你不可靠；另一方面同事若是知道了，也会对你失去信任。这样一来，你自己就会陷入两难的境地。

不良口头禅，你还是少说为妙

王亮在一家知名公司上班，公司的环境好，待遇高，他能力不错，因此深得总经理的赏识。近段时间，公司要开展一个新项目，谁有能力拿下这个项目，谁就是升职加薪的赢家。公司不缺有能力的人，但实力

超群的王亮最终还是凭借自己的实力和人气把项目拿了下来。于是总经理决定找王亮面谈，定下具体的计划方案。王亮一想到自己在众多的竞争者中拔得头筹，不免得意扬扬，有些飘飘然了。走进总经理办公室，迎面而来的是总经理的一番夸奖和鼓励，此刻的王亮更是激动万分，但是没一会儿，王亮垂头丧气地从总经理办公室走了出来。原来这个项目从他手上溜走了。其实原因很简单，就是因为王亮说了一句粗话，也是他激动时爱说的一句口头禅：“我靠，总经理您放心，我一定不负嘱托！”

在生活中，有些人长相不错，为人也真诚、坦率，但是有个坏习惯——平时与别人在一起，说话总带累赘的或者不文明的口头禅，如“这个”“那个”“傻冒”等，别人听了很不是滋味。如果你在与人聊天的过程中总说这些不良口头禅，那你就无法给对方留下一个干净利落、文明优雅的好形象，长时间下来，对方就会很反感与你打交道。

宁宁今年28岁，不知为什么，谈了几次恋爱，她的男友都会过了一段时间后就不愿与她交往了。宁宁自己也挺苦闷，于是，她去问她最好的一个朋友小珍。小珍琢磨了很久，最后说：“也许，你有几句口头禅，使对方感到不快，所以对方还没深入了解你就拜拜了。”比如，每当男孩说了某件新闻时，宁宁总是会有意无意地说：“我才不信呢！”一下子就扫了对方的兴致，还让对方觉得宁宁不信任自己。久而久之，介于有意无意之间，别人就不愿意与她说话了。

于是，宁宁有意识地努力改掉自己的那几句口头禅，同时又有意识地使自己养成说另几句口头禅的习惯。比如，把“我不相信”改成充满惊奇的“真的啊”，这是一句充满好奇又带有一种深深的信赖的话。对方听到这种天真热情的反应，当然会情不自禁地感到喜悦。不久，宁宁拥有了一位白马王子的爱。

说话带不良口头禅，这是一种很不好的语言习惯，它不仅有损风度，更有损我们在他人心目中树立的良好形象。尤其是那些张口就来的消极口头禅，可以说是无形中给自己带来了很大的负面影响。尽早地去除语言中的口头禅，你就会收获更好的聊天效果。

口头禅是一种习惯性语言行为，一般而言，很多人都是在无意识情况下脱口而出的。如果自身不知如何改正，你可以求助身边的人，如家人及朋友、同事等。请他们一听到你说出了口头禅，就毫不留情地当场指出，然后，你及时更正，长此以往，你的口头禅也就慢慢改掉了。

如果你有以下口头禅中的一种或者是几种，那你就该注意了。

1.无用的废话口头禅

有的人讲起话来，张口就是“这个”“那个”“嗯”“然后”“完了呢”“随便”，这些口头禅纯粹是无病呻吟，不仅把语句肢解得支离破碎，而且使语言显得拖沓繁杂，令人颇为厌烦。

2.脏话口头禅

有些人讲话时经常使用如“他妈的”“我去”“胡扯”或者更加粗俗不堪的语言。这种口头禅给人鄙俗浅薄、低级下流的感觉，容易给人留下非常恶劣的印象，不仅降低了自己的身份，还会使人极为厌恶反感。

3.随便允诺的口头禅

轻诺式的口头禅，对一个人的影响很大。比如，一些并没有什么真本事的人，逢人逢事便以“有事找我”“没问题”“我帮你搞定”之类，都有可能既误人也误事。当别人有一天因需要真的找上门来的时候，你怎么办？当他人因你的轻易许诺而在花时间等你结果的时候，你负得起责任吗？

在聊天中，要想树立自己良好的聊天形象，展示独特的聊天魅力，就要坚决摒弃不良的口头禅，而用一种干净、利落、文雅的语言和人交谈。这不仅是交际的需要，而且是培养个人良好谈话修养的要求，只有这样，你才能树立自己正面、积极的形象。

参考文献

[1]骐羽.学会听领导讲话[M].北京：新世界出版社，2012.

[2]卢光光.沟通力！拼职场，别输在不会汇报工作上[M].北京：中国铁道出版社，2017.

[3]翟文明.领导说话艺术[M].北京：华文出版社，2008.

[4]祖林.不会说话别当头：职场沟通的说话艺术[M].厦门：厦门大学出版社，2012.